Beharrung und Wandel

Die DDR und die Reformen des Michail Gorbatschow

SCHRIFTENREIHE
DER GESELLSCHAFT FÜR DEUTSCHLANDFORSCHUNG
BAND 28

Beharrung und Wandel
Die DDR und die Reformen des Michail Gorbatschow

Herausgegeben von

Konrad Löw

Duncker & Humblot · Berlin

CIP-Titelaufnahme der Deutschen Bibliothek

Beharrung und Wandel: Die DDR und die Reformen des
Michail Gorbatschow / hrsg. von Konrad Löw. — Berlin:
Duncker u. Humblot, 1990
  (Schriftenreihe der Gesellschaft für Deutschlandforschung; Bd. 28)
  ISBN 3-428-06859-9
NE: Löw, Konrad [Hrsg.]; Gesellschaft für Deutschlandforschung:
  Schriftenreihe der Gesellschaft ...

Alle Rechte vorbehalten
© 1990 Duncker & Humblot GmbH, Berlin 41
Satz: Volker Spiess, Berlin 30
Druck: Berliner Buchdruckerei Union GmbH, Berlin 61
Printed in Germany
ISSN 0935-5774
ISBN 3-428-06859-9

INHALT

Vorwort 7

Barbara von Ow
Der Vogel in Moskaus Käfig — „Neues Denken" in Gorbatschows
Blockpolitik? 9

Friedrich-Christian Schroeder
Die Reaktion der DDR auf die „Perestrojka" auf dem Gebiet von
Recht und Rechtsstaatlichkeit 19

Peter Jochen Winters
Die Reformen Gorbatschows und die DDR-Bevölkerung 31

Peter Lübbe
Der X. Schriftstellerkongreß der DDR und seine kulturpolitischen
Perspektiven 41

Eduard Gloeckner
Honeckers DDR — Ein „Vorposten des Sozialismus" zwischen Gorbatschows Reformpolitik und der Einigungspolitik Westeuropas 55

Peter Meier-Bergfeld
Perestrojka und Glasnost in der DKP? 87

Konrad Löw
Gorbatschows ideologischer Spielraum 97

Die Verfasser 111

VORWORT

„Die Deutsche Demokratische Republik ist für immer und unwiderruflich mit der Union der Sozialistischen Sowjetrepubliken verbündet." So lautet Art. 6 Abs. 2 Satz 1 der Verfassung der DDR. Schon seit ihrer Gründung wurde darüber diskutiert, ob und inwieweit die DDR ein Partner oder nur ein Satellit der UdSSR sei, wobei dem scharfen Auge des sachkundigen Beobachters Interessengegensätze und Meinungsunterschiede nicht verborgen bleiben konnten.[1] Zugleich aber galt die DDR als einer der zuverlässigsten Verbündeten der Sowjetunion, ohne jegliche ideologische Differenzen zum Großen Bruder, ohne nennenswerte Opposition im eigenen Lande. Die Freundschaft zwischen den beiden Staaten und den sie tragenden Parteien wurde nach Honeckers Wahl zum Generalsekretär der SED noch weiter vertieft, die Geschichtsschreibung angehalten, Moskau in den Mittelpunkt zu rücken, der eingangs zitierte Text — 1974 — statt des weit blasseren und unverbindlicheren des Jahres 1968 in die Verfassung aufgenommen. (Von 1949 bis 1968 fand die Sowjetunion in der DDR-Verfassung noch gar keine Erwähnung.)

Dementsprechend vertrat Karl-Eduard von Schnitzler die Auffassung, „daß zwischen dem sozialistischen deutschen Staat und der Sowjetunion politische, wirtschaftliche und wissenschaftliche Beziehungen bestehen, wie es sie zwischen Völkern und Staaten in der Geschichte noch nie gegeben hat." So nachzulesen im Neuen Deutschland vom 3./4. Dezember 1988.

Knapp eine Woche später fand in Bayreuth eine Tagung der Gesellschaft für Deutschlandforschung, Fachgruppe Politische Wissenschaft, statt, die sich mit den Auswirkungen der Reformpolitik Gorbatschows auf den Alltag, die Rechtsordnung, die „Staatssicherheit", die Außenpolitik und die Literatur in der DDR befaßte.

Vorab wurde die unterschiedliche Resonanz der anderen Paktstaaten Moskaus auf Gorbatschows Ideen und Initiativen geschildert. Im Schlußreferat ging es um die Frage, wie weit Gorbatschow gehen kann, ohne sich einer Rechts- oder Linksabweichung schuldig zu machen.

Ein Beitrag hat die Vorgänge in der DKP zum Gegenstand. Die Zerreißprobe, der diese Partei, bisher mühelos gleichzeitig sowohl auf Berlin (Ost) als auch

---

[1] „Die DDR — Partner oder Satellit der Sowjetunion?, Jahrbuch 1979". Hrsg. Siegfried Mampel/Karl C. Thalheim, Schriftenreihe der Gesellschaft für Deutschlandforschung, München 1980.

auf Moskau eingeschworen, ausgesetzt wurde, macht deutlich, wie sehr Schnitzlers Behauptungen Geschichte und Makulatur geworden sind. Zwischenzeitlich mußte er seinen Hut nehmen wie Honecker einige Wochen zuvor. Die zunächst reaktionäre DDR schließt zu Gorbatschow auf. Die Mauer, die jahrzehntelang Berlin, Deutschland und die Welt durchschnitten hat, wankt; der Eiserne Vorhang rostet. Grundlegende Reformen sind angekündigt. Millionen fordern freie Wahlen. Viele, die ihren Glauben an die Wiedervereinigung längst verloren hatten, fassen neue Hoffnung.

Das Selbstbestimmungsrecht des deutschen Volkes steht auf der Tagesordnung der Weltpolitik.

Barbara von Ow

DER VOGEL IN MOSKAUS KÄFIG

„Neues Denken" in Gorbatschows Blockpolitik?

„Wenn Moskau niest, erkältet sich Osteuropa." So beschreibt der Ostexperte Charles Gati die Wechselwirkung zwischen der Sowjetunion und ihren Verbündeten. Was immer bei der großen Supermacht vor sich geht, es findet meist ein verstärktes Echo bei den kleinen „Bruderländern". Kursänderungen in Moskau haben in den letzten vier Jahrzehnten in Osteuropa regelmäßig politische Unruhen ausgelöst. Auch Michail Gorbatschows „Revolution ohne Schüsse" hat im östlichen Vorhof der Sowjetunion virulente Krisensymptome erzeugt. Knapp vier Jahre nach dem Machtantritt des großen Reformators befindet sich das östliche Europa in einem tiefgreifenden Gärungsprozeß: Umwälzende Reformen, offene Machtkämpfe, nationale Spannungen und die größten Demonstrationen seit Jahrzehnten bestimmen das Bild der Region. Wird sich Osteuropa auch diesmal wieder „erkälten"?

Eines zumindest ist diesmal anders: Erstmals haben Moskau und seine östlichen Verbündeten Rollen getauscht. In der Vergangenheit waren es die Osteuropäer, die mit Reformen gegen Moskau Sturm liefen; wenn die Sowjetunion, wie unter Chruschtschow, ein „Tauwetter" inszenierte, preschten die Gefolgestaaten ungestüm an Moskau vorbei. Der Kreml antwortete meist mit harten Repressionen. Diesmal aber hat die Sowjetunion ihr lange gehütetes „Monopol der Wahrheit" aufgegeben und sich selbst an die Spitze eines „revolutionären Wandels" gestellt. Die Völker Osteuropas, deren Aufbegehren sich traditionell gegen Moskau richtete, erleben eine historische Wende: Zum ersten Mal ist ein sowjetischer Herrscher in den „Bruderländern" zum Sympathie- und Hoffnungsträger geworden. „Die Opposition war immer anti-sowjetisch", meinte Polens Regierungssprecher Jerzy Urban kürzlich verächtlich: „Jetzt hängt sie an den Rockzipfeln von Gorbatschow."

Aber gibt es wirklich ein „neues Denken" in der sowjetischen Blockpolitik? Glaubt man dem Kommentator von Radio Moskau, Viktor Levin, so ist die „revolutionäre Erneuerung" der Bündnisbeziehungen eine „historische Mission" von Gorbatschows Perestrojka. Die sozialistische Staatengemeinschaft leide unter „verknöcherten Strukturen", kritisierte er in einem Interview[1]. Tatsächlich

---

[1] Radio Moskau, 6. Juli 1988, 1500 MEZ.

wird das „alte Denken" von offizieller Seite heute heftig angeprangert. In seiner schonungslosen Analyse der Krise des Kommunismus attackierte der damalige ZK-Sekretär Anatolij Dobrynin in Prag auch Fehlentwicklungen in den „Beziehungen zwischen den Bruderparteien"[2]. Ebenso scharf kritisierte der Stellvertretende Vorsitzende der Internationalen Abteilung der KPdSU, Wadim Sagladin, kurz darauf in der tschechoslowakischen Zeitschrift Tvorba starres Denken und Dogmatismus in der kommunistischen Bewegung[3]. Es war wohl kaum Zufall, daß beide Attacken in einem osteuropäischen „Bruderland" veröffentlicht wurden.

Kein Zweifel, es gibt klare Zeichen für eine sowjetische Neubewertung der Beziehungen im östlichen Bündnis. Wie sehr sich die Rhetorik Moskaus verändert hat, beweist ein Rückblick auf die ominöse Polemik des damaligen Ersten Stellvertretenden Leiters der zuständigen ZK-Abteilung, Oleg Rachmanin. Noch im Juni 1985, im ersten Amtsjahr Gorbatschows, wetterte Rachmanin (alias Wladimirow) in der Prawda gegen „antikommunistische ... Opportunisten, die den proletarischen Internationalismus verleumden und ... als Vorreiter einer neuen Art von ‚Einheit' postieren"[4]. Diese „Vorreiter" scheinen jedoch seither unter den Verbündeten die Oberhand bekommen zu haben. Vor allem: Der sowjetische Generalsekretär selbst hat sich an ihre Spitze gestellt.

Kurz nach seinem Amtsantritt 1985 hatte Gorbatschow die Osteuropäer noch ausdrücklich davor gewarnt, zu den „Rettungsringen" marktwirtschaftlicher Reformen zu greifen („Ihr sollt nicht an Rettungsringe denken, sondern an das Schiff; und das Schiff heißt Sozialismus"[5]). Doch schon auf dem 27. Parteikongreß der KPdSU im März 1986 schlug Gorbatschow neue Töne an: Er betonte den „bedingungslosen Respekt ... für das Recht jedes Volkes, die Wege und Formen seiner Entwicklung selbst zu wählen"[6]. Den Begriff des „proletarischen" oder „sozialistischen Internationalismus" vermied er ebenso wie jede andere Umschreibung der „Breschnew-Doktrin". Vielmehr sprach der sowjetische Generalsekretär selbst von einer „neuen Art" von Einheit: Diese habe, so unterstrich er, „nichts mit Vereinheitlichung oder Hierarchie gemeinsam".

Noch ist die Blockpolitik Moskaus freilich voller Widersprüche. So ist das neue Parteiprogramm der KPdSU, das auf dem 27. Parteikongreß verabschiedet wurde, sichtlich ein Manifest des „alten Denkens"[7]. Statt „bedingunglosem Respekt" beschwört es die alten „Prinzipien des sozialistischen Internationalismus" und den „Schutz der revolutionären Errungenschaften" – eine klare Be-

---

[2] TASS, 12. April 1988.
[3] Tvorba, Nr. 21, 25. Mai 1988.
[4] Prawda, 21. Juni 1985.
[5] Zitiert von Severyn Bialer und Joan Afferica in „The Genesis of Gorbachev's World", *America and the World,* Foreign Affairs 1986.
[6] Prawda, 26. Februar 1986.
[7] Text siehe ibid., 7. März 1986.

kräftigung der „Breschnew-Doktrin". Wenig später, im April 1987, erklärte Gorbatschow allerdings in Prag, keine Partei – also auch nicht die KPdSU – besitze das „Monopol der Wahrheit"[8]. Die Beziehungen zwischen den sozialistischen Ländern beruhten „konsequent auf Gleichberechtigung und gegenseitiger Verantwortlichkeit ... Die Selbständigkeit jeder Partei, ihre Verantwortung vor dem eigenen Volk und das Recht, souverän die Fragen der Entwicklung des Landes zu lösen, sind für uns selbstverständliche Prinzipien". Wenn Gorbatschow die „Breschnew-Doktrin" auch nicht ausdrücklich widerrief, so unterstrich er doch, daß in der Ära von Glasnost auch zwischen den „Bruderländern" ein neuer Ton herrscht.

Um so mehr erstaunte, daß Gorbatschow in seiner Rede zum 70. Jahrestag der Oktoberrevolution wieder in die alte Sprache verfiel. Zwar sprach er von der „völligen Unabhängigkeit" und der „bedingungslosen Gleichberechtigung" aller Bruderparteien („der Sozialismus hat und kann kein Modell haben, an dem alle anderen gemessen werden"); gleichzeitig berief er sich jedoch wieder auf die „Prinzipien des sozialistischen Internationalismus" und beschwor die „Unterstützung für die gemeinsame Sache des Sozialismus", ein scheinbarer Verweis auf die „Breschnew-Doktrin"[9]. Wenig später meldete sich zudem der damalige Staatspräsident Andrei Gromyko überraschend mit einem offenen Lob für die Hegemonialpolitik Stalins. Auf den Konferenzen der Kriegsmächte, so erklärte Gromyko gegenüber dem polnischen Politbüromitglied Miecyslaw Rakowski, habe Stalin „wie ein Löwe" dafür gekämpft, daß Polen ein „sozialistisches Land und der Sowjetunion gegenüber freundlich gesinnt" geblieben sei[10].

Nach diesen Echos „alten Denkens" schwenkte Gorbatschow bei seinem Besuch in Belgrad im März 1988 wieder auf eine flexiblere Linie ein. Die gemeinsame sowjetisch-jugoslawische Erklärung unterstrich die „demokratischen Prinzipien" zwischen allen kommunistischen und Arbeiterparteien sowie deren „unveräußerliches Recht, ihren eigenen Weg der gesellschaftlichen Entwicklung selber zu gestalten"[11]. Beide Seiten verpflichten sich ausdrücklich, von jeder „Einmischung in die inneren Angelegenheiten anderer Staaten unter jedem möglichen Vorwand" abzusehen. Doch auch die Belgrader Erklärung ging nicht so weit, die Möglichkeit einer sowjetischen Intervention für immer auszuschließen. Dabei hatten sich sowjetische Politiker bei anderer Gelegenheit bereits eindeutiger geäußert. So antwortete der sowjetischen Regierungssprecher Gennadi Gerassimow im Dezember 1987 auf die Frage eines westlichen Journalisten, ob die Zeit, da die Sowjetunion „im Namen des Sozialismus" militärisch in Osteuropa intervenieren würde, endgültig vorbei sei, mit einem eindeutigen „Ja".

---

[8] Ibid., 11. April 1987.
[9] Ibd., 3. November 1987.
[10] Frankfurter Allgemeine Zeitung, 11. Januar 1988.
[11] Text siehe Politika, 19. März 1988.

Auch Jegor Ligatschow, damals noch zweiter Mann im Kreml, äußerte sich in einem französischen Interview ähnlich. Auf die Frage nach einer möglichen sowjetischen Intervention in Rumänien sagte er, Moskau hoffe, daß das Bukarester Regime seine Schwierigkeiten selbst überwinden werde: „Auch wenn dies nicht der Fall sein sollte ... hätten wir keine Absicht zu intervenieren." Gegenüber einem japanischen Medienvertreter bestritt Leonid Jagodowsky, Stellvertretender Vorsitzender des Instituts für Weltsozialismus an der Akademie der Wissenschaften der UdSSR, die „These", daß die Souveränität einzelner Länder im Interesse der sozialistischen Staatengemeinschaft eingeschränkt werden könne[12].

Der Prüfstein für Moskaus „neues Denken" gegenüber den östlichen Gefolgestaaten bleibt indes die Bewertung des „Prager Frühlings". Auch zwei Jahrzehnte nach der gewaltsamen Unterdrückung des tschechoslowakischen Reformexperiments von 1968 konnte sich die sowjetische Führung nicht zu einem Widerrufen der „Breschnew-Doktrin" durchringen. Zwar hatten Erklärungen von Falin, Arbatow und vor allem Georgij Smirnow (der vor der Presse offen erklärte, es sei Zeit, „die Ereignisse von 1968 zu überdenken") Spekulationen genährt, Moskau werde seine offizielle Haltung zu den Prager Reformen revidieren. Doch dies geschah weder bei Gorbatschows Prag-Besuch im Frühjahr 1987 noch anläßlich des 20. Jahrestages des Prager Einmarsches im August 1988. Selbst Akademie-Mitglied Jagodowsky, der gegenüber den japanischen Journalisten die Invasion der Warschauer Paktstaaten „einen Fehler" genannt hatte, dämpfte seine Äußerungen mit Herannahen des brisanten Jubiläums. In der Zeitschrift Argumenty i Fakty nannte er die Breschnew-Doktrin wieder eine „Erfindung" des Westens[13]. Gorbatschow selbst wich auch in Polen vor einer eindeutigen Stellungnahme zum Thema Breschnew-Doktrin aus. Auf Fragen von polnischen Intellektuellen bei seinem Warschau-Besuch im Juli 1988 ging der sowjetische Generalsekretär in seinen später veröffentlichten schriftlichen Antworten nicht ein[14]. Zweifellos mußte Gorbatschow in dieser Frage Rücksicht auf die Empfindlichkeiten des ČSSR-Regimes nehmen, dessen offizielle Legitimation bis heute auf der „Normalisierung" nach der Unterdrückung des „Prager Frühlings" beruht. Gleichzeitig unterminiert die de-facto Aufrechterhaltung der Doktrin der „begrenzten Souveränität" Gorbatschows Thesen vom „bedingungslosen Respekt" und den „Prinzip der Gleichheit" in den sozialistischen Beziehungen.

In jüngster Zeit mehren sich allerdings die Stimmen des „neuen Denkens" in der Blockpolitik. Am weitesten wagte sich bisher der sowjetische Historiker Yurij Afanasjew vor. In einem Interview mit der italienischen La Stampa sagte der engagierte Anhänger von Gorbatschows Perestrojka:

---

[12] Zitiert von Vladimir Kusin, „The Yugoslavization" of Soviet-East European Relations?", Radio Free Europe Background Report 57, 29. März 1988.
[13] Argumenty i Fakty, Nr. 33, 13.–19. August 1988.
[14] Tagesspiegel, 12. Januar 1989.

„Von einer starken Einheit, die in Worten beschworen wird, werden wir uns zu einer Einheit bewegen, die auf Verschiedenheit beruht ... Das Motto muß heißen: Viele Wege zu verschiedenen Formen des Sozialismus".

„Die Union der sozialistischen Länder muß wie diejenige der Republiken innerhalb der UdSSR auf dem Prinzip der Anziehung basieren, wie eine Freundschaft oder eine Liebesbeziehung"[15].

Auch Wadim Medwedew, bis Oktober 1988 ZK-Sekretär für Beziehungen zu den Burderparteien und Architekt der neuen Blockpolitik, erklärte in seiner Antrittsrede als neuer sowjetischer Ideologiechef, verschiedene Formen des Sozialismus „bereicherten" alle Mitglieder der kommunistischen Welt[16]. Als vorerst letzter sowjetischer Politiker propagierte Politbüromitglied Alexander Jakowlew mehr Toleranz im östlichen Bündnis. In der brisanten Frage des Mehrparteiensystems, das in Ungarn offen diskutiert wird, äußerte sich der Gorbatschow-Vertraute in Budapest erstaunlich offen: Die Frage des Parteiensystems, so Jakowlew, müsse von der politischen Führung jedes Landes selbst entschieden werden[17].

Diese Erklärungen lassen keinen Zweifel daran: Unter Gorbatschow ist die Blockpolitik erheblich flexibler geworden. Die Sowjetunion hat ihr Machtmonopol zumindest verbal drastisch eingeschränkt. Tatsächlich scheint sie heute – nach westlichem Muster – ihre eigene „Politik der Differenzierung" zu praktizieren. Letztlich jedoch hat die neue Bündnispolitik langfristig wohl nur ein Ziel: die effektivere Zusammenarbeit im Warschauer Pakt und innerhalb der RGW-Wirtschaftsgemeinschaft. Auch wenn Gorbatschow bisher keinen (offenen) Druck auf die Verbündeten ausübt, hat er doch von Anfang an keinen Zweifel daran gelassen, daß er die „Umgestaltung" als blockweites Unternehmen betrachtet. Schon auf dem 11. SED-Parteitag in Ostberlin im April 1986 erklärte er: „Die Zukunft der Sowjetunion können wir uns nicht ohne das Zusammenwirken mit der DDR und den anderen Bruderländern vorstellen"[18]. Erst vor kurzem unterstrich das sowjetische Akademiemitglied Oleg Bogomolow eindeutig, daß Moskau langfristig die sowjetischen Reformen als maßgebliches Vorbild für die Verbündeten sieht. „Bei der Ausgestaltung des neuen Modells der sozialistischen Entwicklung gibt es keinen anderen Weg als den, der von der Sowjetunion, China, Polen, Jugoslawien beschritten wurde'" erklärte der Direktor des Instituts für sozialistische Weltwirtschaft auf einer Konferenz in Budapest. Früher oder später, fügte er hinzu, „werden dies auch die anderen zur Kenntnis nehmen müssen"[19].

---

[15] La Stampa, 1. September 1988.
[16] Prawda, 5. Oktober 1988.
[17] AP, 11. November 1988.
[18] Neues Deutschland, 19. April 1986.
[19] Zitiert vom Deutschlandfunk, 4. März 1988.

Noch sperrt sich die Mehrheit der Verbündeten gegen diese Erkenntnis. Mit der Ausnahme von Polen und Ungarn zeigen die osteuropäischen Staaten gegenüber Gorbatschows „radikale Reform" weiterhin auffallende Zurückhaltung. Die abwartende Haltung der „Bruderländer" hat mehrere Gründe. Die Erfahrung, daß Reformen das Risiko von Repressionen mit sich ziehen, sitzt immer noch tief. Zudem haben die osteuropäischen Staaten, lange vor Moskau, mit „reformkommunistischen" Experimenten negative Erfahrungen gemacht. In den Parteieliten Osteuropas glauben heute nur wenige an die Reformierbarkeit des sozialistischen Systems; Vorsicht, Resignation und Zynismus sind weit verbreitet.

Vor allem hat Michail Gorbatschow im östlichen Bündnis einen Generationskonflikt ausgelöst. Bei seinem Machtantritt war der sowjetische Generalsekretär jünger als alle seine osteuropäischen Kollegen. Die alte Garde der Parteichefs des Warschauer Paktes hat ihre politischen Wurzeln tief in der Breschnew-Ära, wenn nicht sogar im Stalinismus. Gorbatschows scharfe Kritik an der „Ära der Stagnation" kam von Anfang an gefährlich nahe an einen Angriff auf ihre Amtsführung der vergangenen Jahrzehnte. Im Gegensatz zu Gorbatschow haben die meisten Parteiführer in Osteuropa keinen Sündenbock, den sie für Fehler der Vergangenheit verantwortlich machen können. Perestrojka bedeutet für sie vielmehr eine Reform gegen sich selber, Glasnost eine Selbstkritik, die ihre Legitimation zu untergraben droht. In ihrer ablehnenden Haltung stützen sich die osteuropäischen Parteieliten mit Vorliebe auf die Formel der „verschiedenen Wege" zum Sozialismus. Paradoxerweise beruft sich heute niemand so eifrig auf die Parolen des „neuen Denkens" im Bündnis wie jene Regime, die ihr starres Festhalten am „alten Denken" legitimieren wollen. Gorbatschow, der schon kurz nach seinem Machtantritt 1985 verkündete, die Festigung der Beziehungen in der sozialistischen Staatengemeinschaft sei ein „erstes Gebot", muß erkennen, daß Moskaus Einfluß durch die größere Flexibilität im Bündnis empfindlich geschwächt wird. In der Praxis ist die „Einheit in Verschiedenheit", die Afanasjew propagiert, innerhalb des RGW bereits Realität. Die wachsende Differenzierung führt zunehmend zu einer Polarisierung zwischen den einzelnen „Bruderländern", die langfristig die „Einheit" der sozialistischen Staatengemeinschaft zu bedrohen scheint.

In der Haltung gegenüber den sowjetischen Reformen lassen sich unter den RGW-Staaten drei Gruppen unterscheiden: Ungarn und Polen, die Perestrojka *und* Glasnost kopieren, Tschechoslowakei und Bulgarien, die eines (zögernd) einführen, vom anderen aber nichts wissen wollen, und drittens die DDR und Rumänien, die beidem die kalte Schulter zeigen. So vereinfachend diese Kategorisierung scheinen mag, die Entwicklung in den einzelnen Ländern zeigt tatsächlich auffallende Parallelen.

Die Entwicklung in Polen und Ungarn ist ein gutes Beispiel. Beide Länder begrüßten von Anfang an Gorbatschows Reformen, in denen sie eine Bestätigung ihres bisherigen Kurses sahen. Die Reformprogramme beider Länder haben durch Gorbatschows Perestrojka einen neuen Impuls erhalten; beide gehen inzwischen weit über die Moskauer „Umgestaltung" hinaus. Vor allem ist in beiden Staaten eine tiefgreifende Debatte um das Machtmonopol der kommunistischen Parteien in Gang gekommen. In beiden Staaten sind erstmals unabhängige politische Gruppen zugelassen worden; beide bereiten ein neues Versammlungs- und Vereinigungsgesetz vor. In Ungarn und Polen hat das Parlament ein neues politisches Gewicht bekommen, beide Staaten haben – erstmals im Ostblock – einen zivilen Ersatzdienst eingeführt und die Reisebeschränkungen radikal gelockert. Gleichzeitig gibt es Unterschiede: Während in Ungarn sowohl die Staats- wie die Parteiführung ausgewechselt worden sind, wird Polen auch unter Ministerpräsident Mieczyslaw Rakowski weiter von der Mannschaft des General Jaruzelski regiert. Ungarn befindet sich auf dem Weg zu der umfassendsten politischen Umwälzung in Osteuropa seit dem „Prager Frühling" 1968, Polen dagegen ringt beharrlich um eine Quadratur des Kreises: einen (beschränkten) politischen Pluralismus ohne die verbotene Gewerkschaft „Solidarität".

Auch in der Tschechoslowakei und Bulgarien läuft die Entwicklung bislang erstaunlich ähnlich. Beide Staaten, lange als orthodoxe Verbündete bekannt, reagierten mit sichtlicher Zurückhaltung auf den Kurswechsel in Moskau. Nur zögernd rangen sie sich zu ersten Wirtschaftsreformen durch, die jedoch bald ins Stocken gerieten und weit hinter dem sowjetischen „Umbau" zurückgeblieben sind. Trotz bemühter Lippenbekenntnisse zu mehr „Offenheit" haben beide Regimes deutlich gemacht, daß sie zu keinen politischen Konzessionen bereit sind. Mehr als bei anderen „Bruderländern" rühren Gorbatschows Reformen in Prag und Sofia an das Fundament politischer Legitimation. In der ČSSR beschwören sie das Gespenst des „Prager Frühlings", auf dessen Niederschlagung die „Normalisierer" von 1968 bis heute ihre Macht gründen; in Bulgarien droht Moskaus radikale „De-Breschnewisierung" die Autorität des treuen Breschnew-Vasallen Todor Schiwkoff zu untergraben, der seit 33 Jahren die Geschicke des Landes lenkt. In beiden Ländern hat Gorbatschows Perestrojka heftige Machtkämpfe in der Parteiführung ausgelöst; in beiden hat der konservative Flügel seine Position gefestigt. Auch in der ČSSR und Bulgarien haben sich neue unabhängige politische Gruppen gebildet; die politische Führung ist bisher hart gegen sie vorgegangen.

Das seltsamste Duo bilden die DDR und Rumänien. So bizarr die Allianz zwischen dem sozialistischen „Musterländle" und dem Armenhaus Osteuropas anmutet, Ceaucescus Besuch in Ostberlin im November unterstrich, daß die beiden Länder durchaus eine Interessengemeinschaft bilden. Demonstrativ verlieh die SED dem rumänischen Conducator den „Karl-Marx-Orden" und lobte seine „hervorragende internationalistische Haltung"[20]. Tatsächlich stemmen sich bei-

---
[20] Neues Deutschland, 18. bis 22. November 1988.

de Verbündete vehement gegen eine Übernahme von Gorbatschows Reformen; beide sehen im sowjetischen „neuen Denken" nur eine Bestätigung ihrer eigenen Außenpolitik. In ihrer Ablehnung der sowjetischen „Umgestaltung", die zu einer Verhärtung des innenpolitischen Kurses geführt hat, berufen sie sich lautstark auf die Parole der „verschiedenen Wege" zum Aufbau des Sozialismus. Die DDR kann dabei mit einigem Grund auf ihre wirtschaftlichen Erfolge verweisen und unterliegt (bisher) keinem direkten Druck aus der Sowjetunion. Rumänien dagegen sperrt sich trotz seiner katastrophalen Wirtschaftslage und harscher Kritik aus Moskau gegen den sowjetischen Kurs. Tatsächlich ist Rumänien ein Sonderfall. Ostberlin hat Gorbatschows „Umgestaltung" ausdrücklich für die Sowjetunion begrüßt und die Moskauer Reformer seines „Interesses und Wohlwollens" versichert; Bukarest dagegen verwirft die Perestrojka als „Verwirrung" und gefährliche Schwächung der sozialistischen Bewegung. Immer tiefer verliert sich Rumänien in Personenkult, Korruption und Nepotismus; als einziges Ostblockland erlebt es in der Ära von Gorbatschow sogar eine Renaissance konzeptueller Ideen aus der Zeit des Stalinismus.

Es gibt keinen Zweifel: Gorbatschows „neues Denken" hat die zentrifugalen Kräfte in Osteuropa dramatisch verstärkt. Nichts zeigt deutlicher als das Beispiel der „Bruderländer" Ungarn und Rumänien, wie weit der Auffächerungsprozeß bereits fortgeschritten ist: Steuert Budapest in rasantem Tempo auf eine „sozialistische Marktwirtschaft" und politischen Pluralismus zu, so verteidigt Bukarest starr einen „wissenschaftlichen Sozialismus" stalinistischer Prägung. Die wachsenden Gegensätze untergraben zunehmend das alte Konzept des „sozialistischen Internationalismus". Nichts illustriert dies klarer als Moskaus vergebliches Ringen um eine vertiefte Integration im RGW; wie die 44. RGW-Sitzung in Prag im Juli 1988 zeigte, sind die Osteuropäer weniger denn je an einer erweiterten Zusammenarbeit im Bündnis interessiert. Während Westeuropa sich unaufhaltsam auf den „Gemeinsamen Markt" von 1992 zubewegt, stehen in Osteuropa die Zeichen zunehmend auf Polarisierung und Desintegration. Verstärkt werden die divergierenden Tendenzen durch nationale Spannungen, die in der Ära von Glasnost an die Oberfläche treten. Der bittere Nationalitätenkonflikt zwischen Ungarn und Rumänien, der — erstmals im Ostblock — einen Flüchtlingsstrom zwischen zwei „Bruderländern" erzeugt hat, ist nur das eklatanteste Beispiel. Auch die drastischen Exportbeschränkungen, die Prag und Ostberlin kürzlich gegen die Konsumtouristen der Nachbarstaaten verhängt haben (denen die Sowjetunion mit eigenen Ausfuhrverboten gefolgt ist), sind ein Schlag gegen die „sozialistische Einheit"[21]. Wie sehr diese verkommen ist, zeigt sich darin, daß sogar die DDR und Polen nach 40 Jahren forcierter Brüderlichkeit erstmals einen offenen „Grenzstreit" über Territorialgewässer in der Ostsee austragen[22]. Symptomatisch für die Schwierigkeiten im Zeitalter der „ver-

---

[21] Ibid., 18. November 1988; Süddeutsche Zeitung, 9. Januar 1989.
[22] Neues Deutschland, 27. und 31. Dezember 1988.

schiedenen Wege" sind auch die Probleme im Handel zwischen Polen und der DDR, die im polnischen Rundfunk offen kritisiert wurden. Wenn sich die Kooperation heute „diffiziler" gestalte, so Radio Polonia, dann weil sich der polnische Reformkurs und „das Festhalten an einer mehr zentral gelenkten Wirtschaft" in der DDR „nicht immer gut verheiraten" ließen[23]. Bei seinem Besuch in Ostberlin wies Rakowski, inzwischen polnischer Ministerpräsident, offen auf „Probleme" hin, die sich infolge der verschiedenen Reformhaltung für die Zusammenarbeit beider Länder ergeben könnten[24]. Auch die Beziehungen zwischen der DDR und Ungarn, die 1984 noch gemeinsam gegenüber Moskau für die Rolle „kleiner und mittlerer Staaten" kämpften, sind heute von offenen Differenzen geprägt, wie sich im September beim Besuch des ungarischen Parteichefs Karoly Grosz in Ostberlin zeigte[25].

Nur eines haben alle osteuropäischen Staaten heute gemeinsam: Zwischen Ostberlin und Bukarest gärt eine explosive Mischung aus rasantem wirtschaftlichen Niedergang und einer wachsenden Hoffnung auf tiefgreifende Veränderungen. Experten wie der frühere amerikanische Sicherheitsberater Zbigniew Brzezinski sehen die Region bereits in einem „prä-revolutionären" Stadium. Aus der „Zone der Stagnation", erklärte Brzezinski in einem vielbeachteten Aufsatz in *Freedom at Issue*, könne bald eine „Zone der Revolution" werden[26]. Dabei stellt sich die Frage, ob im Gegensatz zur Vergangenheit nicht die waghalsigen Reformer, sondern die starren Anti-Reformer die größere Gefahr darstellen. Die wachsende Polarisierung zwischen Regierung und Regierten, wie sie sich auch in der DDR abzeichnet, scheint ein zunehmendes Risiko innenpolitischer Spannungen zu bergen.

Moskaus bisherige Tolerierung der verschiedenen Wege der Verbündeten beweist, daß in der Blockpolitik bereits „neues Denken" praktiziert wird. Doch die Grenzen bleiben eng gesteckt. Nicht umsonst beschwor Gorbatschow gegenüber Erich Honecker in Moskau das „gemeinsame Schicksal" der UdSSR und ihrer Verbündeten. Auch in der Ära der Perestrojka, signalisierte er dem SED-Chef, umfasse die Zusammenarbeit „alle Sphären, die politische, die ökonomische, die internationale, die ideologische"[27]. Daß Moskaus „Differenzierungspolitik" in Osteuropa immer noch an ihre Grenzen stößt, zeigte sich auf einer wissenschaftlichen Konferenz in Washington im Sommer 1988, an der verschiedene hochrangige sowjetische Vertreter teilnahmen, darunter Akademiemitglied Oleg Bogomolow. Wie Zbigniew Brzezinski amerikanischen Journalisten berichtete, akzeptierten die Teilnehmer aus Moskau erstmals die westliche These, daß die

---
[23] Radio Polonia, 23. März 1988, 13.00 MEZ.
[24] Neues Deutschland, 6. Dezember 1988.
[25] Ibid., 9. und 12. September 1988.
[26] Zbigniew Brzezinski, „East of Germany, West of Russia", Freedom at Issue, Nr. 113, Juli/August 1988.
[27] Neues Deutschland, 29. September 1988.

Hegemonie der Sowjetunion den osteuropäischen Staaten nach dem Zweiten Weltkrieg aufgezwungen wurde[28]. Doch die sowjetischen Delegierten weigerten sich, den nächsten logischen Schritt zu tun und die Illegitimität der sowjetischen Vorherrschaft in Osteuropa anzuerkennen: „Wenn wir die Frage der Legitimität eröffnen", erklärte Bogomolow, „wird der Westen dies als Vorwand nehmen, um die Regierungen (in Osteuropa) zu stürzen."

Das „neue Denken" im östlichen Bündnis stellt Gorbatschow vor ein schwieriges Dilemma. Die Sowjetunion kann sich aus Afghanistan und anderen regionalen Konflikten zurückziehen, ohne daß der innere Kern des sowjetischen Machtsystems berührt wird. In den Staaten Osteuropas droht jedoch ein Dominoeffekt, der die Auflösung des sowjetischen Imperiums zur Folge haben könnte. Mehr als anderswo steht Gorbatschow in Osteuropa vor dem Dilemma zwischen Reform und Stagnation, zwischen Wandel und Stabilität. Dieses Dilemma hat ein bekannter chinesischer Ökonom für das Beispiel Plan/Markt treffend beschrieben: „Die Beziehung zwischen beiden ist wie die zwischen einem Vogel und einem Käfig. Der Vogel sollte fliegen dürfen, aber im Rahmen des Käfigs. Sonst fliegt er davon"[29]. Auch die Osteuropäer sollen unter Gorbatschow fliegen dürfen, aber innerhalb des Käfigs sowjetischer Vorherrschaft. Daß diese im Gegensatz zu Afanasjews Behauptung auf keiner „Liebesbeziehung" beruht, weiß niemand so gut wie der sowjetische Generalsekretär.

---

[28] Los Angeles Times, 10. Juli 1988.
[29] Zitiert in Jan Prybyla, „Market and Plan under Socialism: The Bird in the Cage" (Stanford University: Hoover Institution Press, 1987).

Friedrich-Christian Schroeder

DIE REAKTION DER DDR AUF DIE „PERESTROJKA" AUF DEM GEBIET VON RECHT UND RECHTSSTAATLICHKEIT

Die „perestrojka", bei uns nannte man das vor einiger Zeit die „Wende", in der sowjetischen Politik gilt insbesondere dem Recht und der Rechtsstaatlichkeit. Allerdings muß ich das Gesamtthema der Tagung für dieses Gebiet korrigieren: Bis auf wenige marginale Maßnahmen sind die „Reformen des Michail Gorbatschow" bisher nur Reform*pläne*. Bei dieser Gelegenheit muß man einmal feststellen, daß es wohl bisher selten einem Politiker und einem Staat gelungen ist, mit der bloßen Ankündigung von Reformen eine derartige internationale Aufmerksamkeit zu erregen. Den größten Dank schulden Gorbatschow bisher zweifellos die Medien und die Kongressisten in aller Welt.

Immerhin sind die angekündigten Reformen einschneidend. Eine von den sieben auf der XIX. Parteikonferenz der KPdSU Ende Juni 1988 gefaßten Resolutionen ist der Rechtsreform gewidmet. Diese Resolution fordert nicht weniger als die Schaffung eines „sozialistischen Rechtsstaats". Diese Forderung ist für die kommunistische Staats- und Rechtstheorie unerhört und beendet plötzlich eine jahrzehntelange Polemik. Denn der Begriff des „Rechtsstaats" bedeutet, daß der Staat sich selbst dem Recht unterwirft und damit dessen Priorität anerkennt. Damit werden alle bisherigen marxistischen Aussagen über den Geltungsgrund des Rechts auf den Kehrichthaufen der Ideologiegeschichte geworfen. Als Wesen des „sozialistischen Rechtsstaats" sieht die Resolution die „Oberhoheit des Gesetzes" auf allen Gebieten an. Konsequent durchgeführt werden müsse der Grundsatz „Erlaubt ist alles, was nicht gesetzlich verboten ist". Weite Gebiete des geltenden Rechts seien zu reformieren, besonders radikal das Strafrecht und das Verwaltungsrecht. Die Unabhängigkeit der Richter soll gestärkt werden, insbesondere durch die Ersetzung der direkten durch die indirekte Wahl und eine Verlängerung der Wahlperiode. Die Strafverfolgung müsse aus den Behörden der inneren Sicherheit ausgegliedert werden. Im Prozeß müßten die Streitigkeit, die Öffentlichkeit und die Vermutung der Unschuld gesichert werden; die anklägerische Einstellung müsse verschwinden. Große Bedeutung habe auch die Stärkung der Rolle der Anwaltschaft. Schließlich müsse auch die Ausbildung und Auswahl der Juristen verbessert werden. Daß mit diesen Forderungen nur die Konzeption des Rechtsstaats vom Ende des letzten Jahrhunderts erfüllt wird, die heute nur noch als „Gesetzesstaat" oder als „formeller Rechtsstaat" angesehen wird[1], soll hier nicht näher dargelegt werden. Unbestreitbar ist, daß die beabsichtigten Reformen für das kommunistische Rechtssystem eine einschneidende Änderung darstellten würden.

I. Überflüssigkeit der „perestrojka" in der DDR?

Die Führung der DDR hat eine Übernahme der „perestrojka" bekanntlich entschieden zurückgewiesen. Der Versuch, die „perestrojka" als „Tapetenwechsel beim Nachbarn" zu bagatellisieren[2], hat dem Chef-Ideologen Kurt Hager so viel Spott eingetragen, daß er ihn inzwischen bedauern dürfte. Als weitere Argumente für die Ablehnung der Übernahme der „perestrojka" in die DDR werden die Eigenständigkeit der Entwicklung in den „sozialistischen" Staaten und die Tatsache vorgebracht, daß die DDR eine „perestrojka" nicht nötig habe, weil die damit angestrebten Verhältnisse bereits erreicht seien.

Das zweite Argument wird eigentlich schon durch das erste widerlegt. Prüfen wir trotzdem, wie weit die mit der „perestrojka" angestrebten Verhältnisse in der DDR bereits erreicht sind. In der Tat haben die Verwaltung und die Justiz der DDR unter der 17jährigen Herrschaft Erich Honeckers nicht die gleichen Depravationen erfahren wie die Verwaltung und Justiz der Sowjetunion unter der 18jährigen Herrschaft Breschnews. Diese Depravationen waren zweifellos einer der Hauptgründe für die „perestrojka". Amtsmißbrauch, Cliquenwirtschaft, Protektion und Korruption hatten sich bis in die höchsten Spitzen ausgebreitet[3]. Korrekterweise muß man sagen: haben sich, denn noch täglich berichten die sowjetischen Zeitungen von Geständniserpressungen durch Mißhandlungen raffiniertester, weil nicht nachweisbarer Art wie Schläge auf den Solarplexus, die Nieren, den Kehlkopf oder mit beiden Handflächen zugleich auf die Ohren. Die Zeitform „haben sich" führt noch einmal zurück zu meinem anfänglichen Hinweis, daß die Rechtsreform und damit ein guter Teil der „perestrojka" von Gorbatschow erst geplant ist. Derartige Geständniserpressungen und sonstige ungerechte Verurteilungen erfolgten nicht nur gegenüber Dissidenten, sondern auch aus persönlichen Interessen der örtlichen Parteigewaltigen oder ihrer Freunde und Geschäftspartner. Korruption herrschte bis hinauf zu Ministern und Generalstaatsanwälten. Die Studienplätze an den juristischen Fakultäten, die wegen der Einplanung der Absolventen in die Stellenbesetzung einen von Sorgen um ein Scheitern unbehelligten Freifahrtschein in die Rechtsberufe

---

[1] Hierzu F.-C. Schroeder: Moskau entdeckt den Rechtsstaat, Frankfurter Allgemeine Zeitung vom 19.10.1988, S. 10.
[2] Magazin „Stern", Nr. 16/1987, S. 140; auch „Neues Deutschland" vom 10.4.1987, S. 3.
[3] S. u. a. F.-C. Schroeder: Cliquenwirtschaft und Protektionswesen – Neue Schlagworte in der sowjetischen Publizistik, in: „Frankfurter Allgemeine Zeitung" vom 3.12.1982, S. 12.

garantieren, wurden weitgehend verkauft, und zwar — wie es kein geringerer als der Stellvertretende Hochschulminister der UdSSR beklagte — an Personen, die nicht nach der Kenntnis der Gesetze trachteten, sondern nach dem Erwerb von Kenntnissen zu ihrer Umgehung[4].

Die Richter werden in der DDR, wie es die Resolution der XIX. Parteikonferenz der KPdSU anstrebt, nicht direkt, sondern von den entsprechenden Volksvertretungen gewählt (dieser Ausdruck mit allem Vorbehalt gegen seine Verwendbarkeit für die kommunistisch regierten Staaten), allerdings nicht — wie in der Sowjetunion vorgesehen — durch die übergeordneten „Volksvertretungen", sondern durch die gleichgeordneten. Bei aller Rücksichtslosigkeit der Verfolgung politischer und ideologischer Gegner in den fünfziger Jahren ist es in der DDR doch nicht zu jenem Massenterror gekommen, wie ihn Solschenizyn so erschütternd dokumentiert hat, und auch nicht zu jenen Verurteilungen aufgrund völlig absurder, offensichtlich erpreßter Geständnisse, wie sie in der Sowjetunion vor allem in den dreißiger Jahren massenhaft erfolgten und heute — bei der gerichtlichen Rehabilitierung — einen Großteil der Arbeitskraft der sowjetischen Justiz in Anspruch nehmen. Obwohl bereits unter Chruschtschow zehntausende von Strafurteilen förmlich aufgehoben wurden, hat das Oberste Gericht der UdSSR allein in den Jahren 1985 bis 1987 wieder 400 Personen förmlich rehabilitiert. Auf die juristische und staatstheoretische Natur dieser Rehabilitierungen kann hier nicht näher eingegangen werden. In der juristischen Rehabilitierung von vor fünfzig Jahren hingerichteten Menschen zeigen sich ein erstaunlicher Formalismus und ein überraschender Glaube an die Bedeutung des Rechts, zugleich auch eine deutliche Anerkennung der Kontinuität zwischen dem stalinistischen und dem heutigen Rechtssystem. Auf der anderen Seite haben diese Rehabilitierungsverfahren aber auch eine große politische und sozialpsychologische Bedeutung, indem sie den Ruf nach einer fairen, rechtsstaatlichen Justiz täglich neu provozieren. Verurteilungen aufgrund so offensichtlich absurder Geständnisse hat sich die Justiz der DDR bei aller Rechtsstaatswidrigkeit kaum zuschulden kommen lassen.

Auch das private kleine Handwerk und Dienstleistungsgewerbe, welche in der Sowjetunion zugelassen werden und die Mängel der Tätigkeit der staatlichen Unternehmen abmildern sollen, sind in der DDR niemals völlig beseitigt worden. Immerhin wurde ihre fortlaufende Reduzierung durch die „perestrojka" gestoppt; seit 1987 steigt die Zahl wieder an. Derzeit gibt es in der DDR 80 600 private Handwerksbetriebe mit 260 000 Beschäftigten[5].

---

[4] Näher F.-C. Schroeder: Mängel der Juristenausbildung in der Sowjetunion, Zeitschrift „Recht in Ost und West", 1987, S. 256 f.
[5] Statistisches Jahrbuch der Deutschen Demokratischen Republik 1987, 1987, S. 178.

II. Bereits erfolgte Reformen

In einigen Fragen hat die DDR in der jüngsten Zeit Reformforderungen der „perestrojka" bereits erfüllt und ist teilweise darüber hinausgegangen. Mitte 1987 hat sie ein Rechtsmittel gegen erstinstanzliche Entscheidungen ihres Obersten Gerichts und damit deren Überprüfbarkeit eingeführt und ferner die Todesstrafe abgeschafft. Daß beide Maßnahmen geschickt vor dem Besuch Erich Honeckers in der Bundesrepublik inszeniert wurden, sei hier nur am Rande erwähnt. Beide Maßnahmen sind allerdings nicht zentral für die „perestrojka" und lassen sich auch ohne größere Zugeständnisse realisieren, die Überprüfbarkeit der erstinstanzlichen Entscheidungen des Obersten Gerichts wegen der Gleichschaltung der Richter und der schon jetzt gegebenen weitgehenden Aussichtslosigkeit von Rechtsmitteln in der DDR, die Abschaffung der Todesstrafe wegen der persönlichkeitszerstörenden Brutalität des Strafvollzuges der DDR. Die beiden Maßnahmen dürften auch weniger durch die „perestrojka" als durch den „Internationalen Pakt über politische und bürgerliche Rechte" veranlaßt sein, der eine generelle Überprüfbarkeit aller erstinstanzlichen Gerichtsentscheidungen und eine weitgehende Reduzierung der Todesstrafe verlangt. Schon seit längerem ist zu beobachten, daß sich die DDR bemüht, ihre Gesetzgebung an die Anforderungen der Menschenrechtspakte anzupassen.

Mit der Abschaffung der Todesstrafe ging die DDR sogar demonstrativ über die „perestrojka" hinaus. In der Sowjetunion war sie zwar auch lebhaft diskutiert worden, konnte sich aber letztlich nicht durchsetzen. Dabei ist gerade in der Sowjetunion die Todesstrafe durch die zahlreichen offenkundigen Fehlurteile aufs schwerste diskreditiert worden. Dies gilt nicht nur für die erwähnten Verurteilungen unter Stalin, sondern auch für die genannten Mißstände in der Gegenwart. Vor kurzem ging die für unsere Begriffe kaum faßbare Meldung durch die Presse, daß in Minsk wegen eines vor 15 Jahren begangenen Frauenmordes zum 15. Mal ein Täter verurteilt wurde[6]. Von den 14 vorher zu Unrecht Verurteilten war einer sogar hingerichtet worden. Die im Brustton der „perestrojka" vorgetragene Überzeugung, daß man jetzt endlich den richtigen Täter hingerichtet habe, vermag man nach alledem kaum zu teilen. Die Beibehaltung der Todesstrafe wird in der Sowjetunion mit dem „sozialistischen Humanismus" begründet: Da die Todesstrafe von Straftaten gegen das Leben abschrecke und damit fremdes Leben schütze, sei sie zutiefst human. Danach muß man es als einen gezielten schweren Affront beurteilen, wenn es in der amtlichen Begründung zur Aufhebung der Todesstrafe in der DDR heißt, daß dies „dem humanistischen Wesen der sozialistischen Gesellschaft entspricht"[7].

Die DDR benutzte die Abschaffung der Todesstrafe noch zu einem anderen deutlichen Seitenhieb gegen die Sowjetunion. Sie bezeichnete die Abschaffung

---

[6] TASS-Meldung vom 2.2.1988; „Literaturnaja gazeta" vom 2.3.1988.
[7] „Neues Deutschland" vom 18./19.7.1987, S. 1.

der Todesstrafe in der amtlichen Begründung außerdem als „Ergebnis der erfolgreichen Entwicklung der sozialistischen Gesellschaft". Diese wenigen, auf den westlichen Betrachter floskelhaft wirkenden Worte führen den an die Ideologie des Marxismus-Leninismus Gebundenen in schwerste theoretische Streitfragen. Karl Marx hatte in seiner berühmten „Kritik des Gothaer Programms" zwischen einer „ersten" und einer „höheren Phase der kommunistischen Gesellschaft" unterschieden. Lenin hatte diese Unterscheidung weiter ausgebaut und für die „erste Phase der kommunistischen Gesellschaft" die Bezeichnung „Sozialismus" eingeführt[8]. Walter Ulbricht hatte dann 1967 den „Sozialismus" im Sinne Lenins nicht mehr als Übergangsphase, sondern als eine „relativ selbständige sozialökonomische Formation in der historischen Epoche des Übergangs vom Kapitalismus zum Kommunismus im Weltmaßstab" bezeichnet[9]. Diese These war seinerzeit sowohl gegen das von Chruschtschow begründete Drängen auf Einführung von „kommunistischen" Selbstverwaltungselementen wie auch gegen den damit verbundenen historischen Führungsanspruch der Sowjetunion gerichtet gewesen[10]. Diese These von der „entwickelten sozialistischen Gesellschaft" ist von Gorbatschow auf dem XXVII. Parteitag der KPdSU 1986 in das neue Parteiprogramm der KPdSU übernommen worden. Der dezente Hinweis auf die „entwickelte sozialistische Gesellschaft" bei der Abschaffung der Todesstrafe enthielt also ein Dreifaches:

— die Erinnerung an die Herkunft dieser Konzeption
— die Inanspruchnahme der Definition des Inhalts der „entwickelten sozialistischen Gesellschaft" und
— die Behauptung einer Führungsrolle in der „erfolgreichen Entwicklung der sozialistischen Gesellschaft"

III. Angekündigte Reformen

Der auf der Grundlage der Beschlüsse des XI. Parteitages der SED gefaßte Gesetzgebungsplan bis zum Jahre 1990 sieht eine Reform des Gerichtsverfassungsgesetzes und der Strafprozeßordnung vor. Dabei ist — neben einer Effektivierung und Rationalisierung des Verfahrens und einem Ausbau der Mitwirkung der Bürger am Strafverfahren — vor allem ein Ausbau der Rechtsgarantien vorgesehen[11]. In das erste Kapitel der StPO soll ein besonderer Abschnitt über die

---

[8] „Staat und Revolution", 1917.
[9] „Neues Deutschland" vom 13.9.1967.
[10] H. Weber: Geschichte der DDR, 1985, S. 393 ff.
[11] S. Wittenbeck: Planmäßige Vervollkommnung der sozialistischen Rechtsordnung, Zeitschrift „Neue Justiz", 1987, S. 403 ff., 433; H. Plitz/G. Teichler: Weitere Ausgestaltung des Strafverfahrensrechts in der DDR, Zeitschrift „Neue Justiz", 1988, S. 32 ff.; R. Krone: Neufassung der StPO — eine wichtige Aufgabe, Zeitschrift „Der Schöffe", 1988, S. 206 ff.

„Gewährleistung der verfassungsmäßigen Grundrechte der Bürger" eingefügt werden. Die Stellung der Verfahrensbeteiligten soll genau festgelegt werden. Das Ermittlungsverfahren soll detaillierter geregelt werden. Verbessert werden soll die Stellung der Verteidigung, insbesondere durch eine frühere Zulassung zum Verfahren. Die Rechtsmittelfristen sollen verlängert werden. Besonderes Interesse verdient es, daß neben der „Bürgschaft eines Kollektivs" über verurteilte Straftäter, einer Art „kollektiver Bewährungshilfe", auch die Einzelbürgschaft gleichberechtigt geregelt werden soll. Schon zu Beginn der siebziger Jahre hat man in der Sowjetunion erkannt, daß die von Chruschtschow zu einer Übergabe staatlicher Funktionen an die Gesellschaft hochgejubelte kollektive Bewährungshilfe wegen der Kollektivität und Anonymität der Verantwortung für den Verurteilten ihre Aufgabe häufig verfehlt[12]. Die Entschädigung für ungerechtfertigte Untersuchungshaft und Freiheitsstrafen soll erweitert werden; für die Opfer von Straftaten ist bei Nichterlangbarkeit von Schadensersatz durch den Täter ein staatlicher Schadensersatz vorgesehen.

Auch diese geplanten Verbesserungen wird man jedoch kaum als Auswirkung der sowjetischen „perestrojka" ansehen können. Sie entsprechen dem bereits seit längerer Zeit zu beobachtenden Versuch der DDR, den Anforderungen der Menschenrechtspakte gerecht zu werden und nicht zuletzt auch den in dem Bericht einer von der Bundesregierung eingesetzten Wissenschaftlerkommission festgestellten Defiziten bei der Verwirklichung der Menschenrechte in den Staaten des Warschauer Paktes[13] abzuhelfen. Der verstärkte Opferschutz entspricht einem internationalen Trend, der vor allem auf die neuentstandene Disziplin der Viktimologie zurückgeht.

IV. Fortbestehende Defizite

Ein besonderes rechtsstaatliches Defizit weist die DDR insofern auf, als sie keinerlei gerichtlichen Rechtsschutz gegen Verwaltungsakte vorsieht. Mit dieser Regelung steht die DDR sogar unter den kommunistisch regierten Staaten allein da. Die Sowjetunion hat immerhin im Juli 1987 das bereits in der Verfassung von 1977 angekündigte Gesetz über den gerichtlichen Verwaltungsrechtsschutz erlassen. Allerdings hat auch sie dabei zu einem unwürdigen Trick gegriffen: Sie hat nämlich die gerichtliche Anfechtbarkeit unauffällig auf Verwaltungsakte von Einzelpersonen beschränkt. Da im sowjetischen Verwaltungsrecht keine fest abgegrenzten Kompetenzen der untergeordneten Organe existieren, sondern jedes übergeordnete Organ jede Sache jederzeit an sich ziehen kann, ist damit die gerichtliche Überprüfung der Willkür der Verwaltungsbehör-

---

[12] F.-C. Schroeder: Versagen der gesellschaftlichen Rechtspflege in der UdSSR, Zeitschrift „Recht in Ost und West", 1972, S. 265 ff.
[13] Drucksache des Deutschen Bundestages 11/1344.

den, die doch gerade überprüft werden sollen, überantwortet. Dies war übrigens eine reichlich kalte Dusche für viele „perestrojka"-Euphoriker. Bemerkenswerterweise hat die DDR sogar bei der in ihrem Gesetzblatt veröffentlichten Übersetzung des Internationalen Pakts über bürgerliche und politische Rechte bei der Verpflichtung zum Ausbau des gerichtlichen Rechtsschutzes (Art. 2 Abs. 3 Buchst. b) das Wort „gerichtlich" weggelassen[14].

Der erwähnte Gesetzgebungsplan der DDR bis 1990 sieht lediglich eine Analyse der Wirksamkeit des bisher bestehenden Eingabewesens und eine Erarbeitung von Schlußfolgerungen zur weiteren rechtlichen Ausgestaltung des Verwaltungsverfahrens vor[15]. Ganz anders als in der Sowjetunion unternimmt die Rechtswissenschaft der DDR nichts, um entsprechende Forderungen vorzubringen oder auch nur die Ankündigung in dem Gesetzgebungsplan zum Ansatzpunkt für weitere Forderungen zu machen. In der für die Rechtswissenschaft der DDR typischen untertänigen Weise wird lediglich angeregt, die Überprüfung der Rechtmäßigkeit von Entscheidungen der Organe des Staatsapparates durch die Gerichte müsse „neu durchdacht" werden[16], die Bemühungen um die Erhöhung der Rechtssicherheit der Bürger seien „auch mit der Prüfung der Frage verbunden, ob die Zulässigkeit des Gerichtsweges über den gegenwärtigen Umfang hinaus erweitert werden sollte"[17], die Erfahrungen, die andere sozialistische Staaten mit der Einbeziehung der Gerichte bei der Behandlung staatlicher Entscheidungen gesammelt hätten, seien „zu analysieren", wobei auch hier die Feststellung Erich Honeckers gelte, daß es wichtig sei, „voneinander zu lernen, ohne zu kopieren"[18]. In einer Analyse des Gesamtdeutschen Instituts, einer „Bundesanstalt für gesamtdeutsche Aufgaben", wird dies allerdings als „deutliche Kritik" und „überraschender Reformeifer" gewürdigt[19]. Offensichtlich sind die Erwartungen an die Zivilcourage der mitteldeutschen Kollegen so geschrumpft, daß Anregungen zum „Überdenken" bereits als Widerstandsakte gefeiert werden.

V. „Glasnost'"

Damit sind wir bei einem besonders eklatanten Defizit der Auswirkungen der „perestrojka" auf die DDR angelangt. Ein wichtiger Bestandteil der „pere-

---

[14] Gesetzblatt der DDR, Tl. II, 1974, S. 58.
[15] Wittenbeck (Anm. 11), S. 432.
[16] H. Pohl/G. Schulze: Weitere Erhöhung der Wirksamkeit des Verwaltungsrechts, Zeitschrift „Staat und Recht", 1988, S. 561 ff., 569.
[17] R. Brachmann/K.-H. Christoph: Zur Vervollkommnung verwaltungsrechtlicher Regelungen im Verwaltungsrecht, Zeitschrift „Staat und Recht", 1988, S. 570 ff., 574.
[18] W. Büchner-Uhder/W. Kemnitzer: Nutzung der Vorzüge des Verwaltungsrechts für die weitere Festigung der Staat-Bürger-Beziehungen, Zeitschrift „Staat und Recht", 1988, S. 584 ff., 590.
[19] Die Rechtsentwicklung in der DDR, Zeitschrift „Recht in Ost und West", 1988, S. 361 ff., 365.

strojka" ist die „glasnost'", die Offenheit und Transparenz. Dieses auf den ersten Blick nur den Stil der „perestrojka" bezeichnende Element erweist sich bei näherem Zusehen als eine aus der russischen Tradition des letzten Jahrhunderts stammende Formel für die Grund- und Menschenrechte auf freie Meinungsäußerung und ungehinderte Information. Damit ist die „glasnost'" selbst materieller Bestandteil des Rechtsstaatsbegriffs, und zwar einer seiner bedeutendsten. Das Recht auf Information war bisher in der Sowjetunion nicht vorgesehen[20], das Recht auf freie Meinungsäußerung wurde faktisch nicht gewährt und behindert. Eine ungeheure Kritik- und Diskussionsfreudigkeit hat sich der Sowjetunion inzwischen bemächtigt. Nicht radikale Außenseiter, sondern Mitarbeiter führender wissenschaftlicher Institutionen erheben Forderungen nach Gewaltenteilung und Pluralismus.

In der DDR ist hiervon – wie gezeigt – kaum ein Hauch zu spüren. Kritische Vorschläge stammen allenfalls von Jugendlichen oder kirchlichen Gruppen und werden mit allen Mitteln unterdrückt.

VI. Überhören der Forderung nach Änderung des Stils der Staatsgewalt

Überhaupt übersieht die DDR geflissentlich alle Forderungen der „perestrojka", die nicht so sehr auf eine Abänderung der Institutionen als auf eine grundsätzliche Änderung des Stils der Ausübung der Staatsgewalt und ihres Umgangstons abzielen. Dies gilt vor allem für die Forderung nach Streitigkeit und Öffentlichkeit der Gerichtsverhandlungen und nach der Beseitigung der anklägerischen Einstellung der Rechtspflegeorgane. Wie sehr die Dinge in der DDR insoweit im argen liegen, ist vor kurzem von Dieter Gräf in seinem Buch „Im Namen der Republik" eindrucksvoll geschildert worden. Beschuldigte und ihre Verteidiger werden grundsätzlich arrogant und unfreundlich behandelt und im Kommißton angeschnauzt; Untersuchungsgefangene haben sich mit „Untersuchungsgefangener Müller..." zu bezeichnen und zu entpersönlichen; von der Möglichkeit zur Verhandlung unter Ausschluß der Öffentlichkeit, also zum Geheimprozeß, wird in unvertretbar vielen Fällen Gebrauch gemacht; Beweisanträge der Verteidigung werden fast immer abgelehnt; ernsthafte Verteidigungsbemühungen werden als „Bagatellisierung der Tat" getadelt und ziehen Strafverschärfung wegen Uneinsichtigkeit nach sich.

VII. „Sozialistischer Rechtsstaat" und „Rechtssicherheit"

Aus allen diesen Gründen ist es ebenso dreist wie grotesk, daß sich die DDR als „sozialistischen Rechtsstaat" bezeichnet[21]. In dieser Behauptung liegt übri-

---

[20] Hierzu Blankenagel in: Handbuch der Sowjetverfassung, redigiert von M. Fincke, 1983, Art. 50, Rdn. 28.

gens ein weiterer Tritt gegen das Schienbein des großen Bruders. Denn die Sowjetunion hat sich in den Resolutionen der XIX. Parteikonferenz im Mai dieses Jahres erst die „*Schaffung* des sozialistischen Rechtsstaats" vorgenommen. In dem Entwurf der Thesen war bezeichnenderweise noch von der „*Vollendung* des sozialistischen Rechtsstaats" die Rede gewesen. Diese Formulierung war von dem stellvertretenden Chefredakteur der „Literaturnaja gazeta" J. Porojkov mit der Schlagzeile „Vollenden oder – beginnen?" schonungslos bloßgestellt worden[22]. Der Rechtsjournalist Arkadij Vaksberg antwortete: „Ein Rechtsstaat im wahren Sinne des Wortes war unser Staat nicht einen Tag während seiner gesamten Existenz"[23]. Daraufhin wurde der Text der These tatsächlich geändert. Diese Episode zeigt noch einmal, wie sehr man in der Sowjetunion bereit ist, mit der bisherigen täuschenden Übernahme westlicher Begriffe, mit der „politischen Kultur der Lüge", wie sie der amerikanische Ostrechtsforscher Pomorski genannt hat[24], aufzuhören. Die gegenteilige Praxis in der DDR zeigt aber auch zugleich, wie sehr man dort dieser politischen Kultur noch verhaftet ist.

Übrigens hatte die DDR schon einmal versucht, den Begriff des „Rechtsstaats" für den realen Sozialismus in Anspruch zu nehmen. Karl Polak hatte 1963 die DDR als den „wahren deutschen Rechtsstaat" bezeichnet[25] – derselbe Karl Polak, der 1946 zur Abkehr von dem Begriff des Rechtsstaates aufgerufen hatte, weil dieser Begriff ein Stück des verhängnisvollen deutschen Erbes in sich verkörpere, das uns so leicht in die Katastrophe habe geraten lassen[26]. Ausgerechnet das Strafgesetzbuch von 1968, das mit seinen Vorschriften gegen „Sammlung von Nachrichten", „Sabotage", „staatsfeindliche Hetze", „Staatsverleumdung" usw. Willkür in Gesetzesform darstellt, wurde in seiner Präambel als Bestätigung dafür bezeichnet, daß die DDR der „wahre deutsche Rechtsstaat" sei. Doch erschien diese Art der Usurpierung des Begriffs kurz darauf angesichts des „Prager Frühlings" offensichtlich selbst der Führung der DDR als zu riskant. Der Rektor der Akademie für Staat und Recht der DDR verurteilte die Versuche, die „marxistisch-leninistische Staatslehre und den sozialistischen Staat durch Anleihen bei bürgerlich-imperialistischen Staatsauffassungen und

---

[21] E. Honecker: Bericht des Politbüros an die 6. Tagung des Zentralkomitees der SED, Abschn. IV, Berlin (Ost), 1988, S. 66 ff. (s.a. „Neues Deutschland" vom 10.6.1988, S. 7); E. Buchholz/K.A. Mollnau: Rechtssicherheit gehört zur Lebensqualität in unerer Gesellschaft, „Neues Deutschland" vom 18./19.6.1988, S. 11 f., R. Krone (Anm. 11), S. 206.

[22] „Literaturnaja gazeta" vom 8.6.1988, S. 11.

[23] Wie Anm. 22.

[24] S. Pomorski: Crimes Against the Central Planner: 'Ochkovtiratel'stvo', in: Soviet Law after Stalin, hrsg. von D.D. Barry, G. Ginsburgs und P.B. Maggs, pt. II, 1978, S. 291 ff., 300 ff.

[25] Zeitschrift „Neue Justiz", S. 260 ff.

[26] Gewaltentrennung – Menschenrechte – Rechtsstaat. Begriffsformalismus und Demokratie. Zur Kritik der Weimarer Verfassung, Zeitschrift „Einheit", 1946, Nr. 7, S. 385 ff.

-praktiken auszuhöhlen und ihres Klassenwesens zu berauben"[27]. Daraufhin erhielt das Strafgesetzbuch der DDR eine neue Präambel, in welcher der Hinweis auf den „wahren deutschen Rechtsstaat" getilgt war. Sind Präambeln ohnehin ein bevorzugtes Instrument totalitärer Gesetzgebung, so stellt es doch auch in diesem Bereich ein Kuriosum dar, daß bei einem Gesetz die Präambel geändert wird.

Die Politiker und Rechtswissenschaftler der DDR stützen ihre Behauptung, daß die DDR ein „sozialistischer Rechtsstaat" sei, vor allem darauf, daß dort die „Rechtssicherheit" herrsche. Dieser Begriff wurde jedoch in geschickter und durchaus volkstümlicher Weise umdefiniert. Die „Rechtssicherheit" wird neuerdings in der DDR nicht mehr wie früher als Sicherheit *des* Rechts, d.h. der Rechtsgewährung, definiert, sondern als Sicherheit *durch* das Recht, insbesondere vor Kriminalität[28]. Damit ergibt sich die Möglichkeit, gerade die unbestimmten Gummiparagraphen des DDR-Strafrechts, die die Rechtsanwendung unsicher machen und das Gegenteil der Rechtssicherheit im klassischen Sinne darstellen, als Quelle der „Rechtssicherheit" im neuen Sinn hinzustellen.

VIII. Reformunfähigkeit des realen Sozialismus?

Vielleicht entspricht die Zurückhaltung der Führung der DDR gegenüber der „perestrojka" ja auch einer tiefen Skepsis gegenüber der Reformfähigkeit des realen Sozialismus. Es ist ja nicht das erste Mal, daß sich der reale Sozialismus zu einer Reform an Haupt und Gliedern anschickt. 1921 verkündete Lenin nach dem schweren wirtschaftlichen und sozialen Zusammenbruch durch die vorangegangenen kommunistischen Experimente die „Neue Ökonomische Politik"; sie wurde jedoch bereits nach wenigen Jahren durch Stalin wieder abgewürgt. 1956 verkündete Chruschtschow nach den Schrecken des Stalinismus den Übergang zur Demokratisierung, zum „Gulasch-Kommunismus" und zu größeren Rechten des einzelnen — er wurde 1964 abgesetzt, und seine Linie durch eine neue „law-and-order"-Politik ersetzt, in deren Gefolge die Rechtspflege die geschilderten Depravationen erfuhr. Michail Voslensky glaubt geradezu, einen 32-Jahre-Rhythmus zu erkennen — 1921, 1953, 1985 —, in welchem in der Sowjetunion Liberalisierung und Zentralisierung wechseln[29].

Im übrigen ist die politische Kultur des realen Sozialismus durch das Institut der *Kampagnen* verdorben worden. Seit Lenin damit begann, hat es sich einge-

---

[27] K. Sieveking: Die Entwicklung des sozialistischen Rechtsstaatsbegriffs in der DDR, Berlin–Baden-Baden, 1973, S. 124.
[28] Nachw. bei F.-C. Schroeder: Umdefinierung der Rechtssicherheit in der DDR, Zeitschrift „Recht in Ost und West", 1987, S. 23 f.
[29] Glasnost und Perestroika in Tutzing, Zeitschrift „Der Staatsbürger" (Beilage der Bayerischen Staatszeitung), Juli 1988, S. 10.

bürgert, das Volk mit immer neuen Kampagnen aus seiner Lethargie zu reißen, Kampagnen, die sich regelmäßig und zwangsläufig nach kurzer Zeit totlaufen. Auch Gorbatschow begann ja seine Amtszeit mit Kampagnen gegen Alkohol — seit dieser Zeit sein Spitzname „Mineralsekretär" — und gegen nichterarbeitete Einkünfte. Die Reaktion der sowjetischen Bevölkerung auf die „perestrojka" zeigt viele Züge des durch diese Kampagnen angelernten Verhaltens: übersteigerte, wenn nicht kindische Begeisterung bei den einen, Abwarten und Sichbedeckthalten bei den anderen. Zu den ersteren gehören die Führer der DDR zweifellos nicht.

Erich Honecker hat sich unlängst beklagt, daß ihm aus dem Westen Deutschlands, nachdem ihm lange Zeit eine Rußlandhörigkeit vorgeworfen worden sei, nunmehr das Gegenteil empfohlen werde. Heißt deutsch sein reformunfähig sein? Honecker kann mit diesem Hinweis auf unterstützende Argumente nicht davon ablenken, daß es in erster Linie um Freiheit und Rechtsstaatlichkeit geht, manchmal gegen die Sowjetunion, manchmal mit ihr.

Peter Jochen Winters

DIE REFORMEN GORBATSCHOWS UND DIE DDR-BEVÖLKERUNG

Meine Aufgabe soll es sein, etwas zu sagen über die Auswirkungen der Reformpolitik Gorbatschows auf die Bevölkerung der DDR und deren Resonanz. Dabei kann ich mich selbstverständlich nicht auf wissenschaftlich abgesicherte Daten berufen. Die gibt es nicht, und wenn es sie in der DDR geben sollte, dann werden sie geheimgehalten. Was ich berichte, ist das Ergebnis von Beobachtungen, Gesprächen und Einschätzungen eines Journalisten, der sich seit über 20 Jahren beruflich mit der DDR beschäftigt und seit über zehn Jahren als ständig akkreditierter Korrespondent in der DDR arbeitet. Ich habe in Ost-Berlin und in der DDR im Laufe der Jahre eine Menge an privaten Kontakten zu Menschen aus den verschiedensten Schichten der Bevölkerung aufgebaut und so Zugang zu der jeweiligen „Nische" dieser Menschen, also zu jenem von Günter Gaus[1] treffend beschriebenen Bereich, den sich wohl fast jeder Deutsche in der DDR geschaffen hat und in dem er die Rolle ablegt, die er im Alltagsleben „draußen" zu spielen hat und ganz er selbst ist. Das, was dort zu unserem Thema gedacht, gesprochen und mit gleichgesinnten Freunden diskutiert wird, ist eine der Quellen, aus denen ich schöpfe.

Wenn im folgenden von den Reformen Gorbatschows die Rede ist, dann sind damit seine innenpolitischen Reformvorstellungen — also die Reformen von Wirtschaft und Gesellschaft, Partei und Staat gemeint, die wir mit den russischen Begriffen „Perestrojka" (Umgestaltung) und „Glasnost" (Offenheit) zu umschreiben uns angewöhnt haben. Ich möchte betonen, daß ich dabei die Einschätzung der DDR-Bevölkerung — die weithin ganz unterschiedlich ist — wiedergebe.

Bis in die zweite Hälfte der achtziger Jahre war für die große Mehrheit der Deutschen in der DDR — und zwar durchgängig durch alle Schichten und Altersstufen eindeutig: Trotz vierzigjähriger Bemühungen nicht nur der Gesellschaft für deutsch-sowjetische Freundschaft (DSF) blühten die alten überheblichen deutschen Vorurteile gegenüber den angeblich dummen und unfähigen Russen. Diese Ressentiments gegenüber dem östlichen „Brudervolk" wurden noch dadurch verstärkt, daß die SED — besonders nach dem Amtsantritt Erich

---

[1] Günter Gaus: Wo Deutschland liegt. Eine Ortsbestimmung, Hamburg 1983, S. 156 ff.

Honeckers als 1. Sekretär des ZK der SED im Mai 1971 – die Sowjets und sowjetische Methoden vor allem in der Wirtschaft und in der Landwirtschaft als Vorbilder hinstellte und unter dem Motto „Von der Sowjetunion lernen, heißt siegen lernen" übernahm, was in der Sowjetunion gerade en vogue war.

Während allem, was aus dem Osten kam, bei den Deutschen in der DDR nur gelangweiltes Desinteresse, allenfalls Hohn und Spott begegnete, wurde und wird nach wie vor alles, was aus dem Westen kommt, wie eine Offenbarung aufgenommen. Der Blick der DDR-Deutschen war einseitig und starr nach Westen, vor allem in die Bundesrepublik gerichtet, was wegen der Möglichkeit, fast überall in der DDR westliche Fernseh- und Rundfunksendungen zu empfangen, nicht verwundert. Ausschließlich vom Westen, vor allem von der Bonner Ost- und Deutschlandpolitik, erhofften sich die Deutschen in der DDR – wenn überhaupt – eine Verbesserung ihrer in all den Jahren und Jahrzehnten seit Kriegsende als wirtschaftlich bedrückend und politisch unerträglich empfundenen Situation.

Dieses Bild änderte sich nach dem Amtsantritt Gorbatschows in Moskau im März 1985. Zunächst freilich sah auch die Bevölkerung der DDR in ihm nichts Besonderes. Man spottete über den „Mineralsekretär", der in seiner „Weltfremdheit" doch tatsächlich den Russen den Wodka verbieten wollte. Erst der XXVII. Parteitag der KPdSU im Februar 1986 ließ viele in der DDR aufhorchen. Da waren plötzlich – verstärkt freilich durch westliche Medien – neue Töne aus Moskau zu hören, und zwar nicht nur die internationale Politik, sondern vor allem auch die innere Situation in der Sowjetunion betreffend. Mit wachsendem Interesse vernahmen die Deutschen in der DDR, daß da in Moskau ein KPdSU-Generalsekretär schonungslos die unter Breschnew eingetretene Erstarrung, die Verkrustungen im Parteiapparat, die Selbstherrlichkeit der politbürokratischen Herrschaft, Schlampereien, Betrügereien und Ungerechtigkeiten in Staat und Gesellschaft offen beim Namen nannte, Kritik und Selbstkritik forderte und grundlegende Reformen versprach. Das war zumindest ein neuer Stil, der da in Moskau praktiziert wurde. Und war nicht das, was Gorbatschow in Moskau anprangerte, genau das, was auch das Leben in der DDR so unerträglich machte: das Gefühl der Entmündigung des Bürgers durch die Behörden, die Überheblichkeit der Funktionäre, die Jahre und Jahre an ihren Posten kleben, die völlige Gleichschaltung der Medien, das Verhindern jeglicher öffentlicher Diskussion, die Verzerrung der Wirklichkeit in der öffentlichen Berichterstattung durch ständige Lobeshymnen und die Unterdrückung jeglicher Kritik.

Immer mehr Deutsche in der DDR – und vor allem die Nicht-Parteimitglieder – begannen damals ihre Blicke nach Moskau zu richten. Sowjetische Zeitungen und Zeitschriften, die bis dahin zumeist ein Ladenhüter-Dasein in der DDR gefristet hatten, wurden nun mit wachsender Begeisterung gelesen – und viele klagten sich nicht nur insgeheim an, daß sie in der Schule beim Russisch-Unterricht immer so desinteressiert gewesen waren. Sowjetische Kulturhäuser fanden nun den Zulauf, auf den sie seit Jahren gewartet hatten, sowjetische Theaterstücke, Bücher und Filme wurden von immer mehr Menschen zur Kenntnis genommen. Nach dem XXVII. Parteitag der KPdSU im Februar 1986 werde der XI. Parteitag der SED im darauffolgenden April sicher nicht mehr so ablaufen wie seine Vorgänger, hofften viele in der DDR. Sie erwarteten, daß die SED auf den Gorbatschow-Kurs einschwenken werde und wurden enttäuscht. Der XI. Parteitag der SED unterschied sich in nichts von den vorangegangenen. Die SED-Führung machte klar, daß sie keinen Grund sehe, ihren Kurs zu ändern. Honecker ließ sich und seine Führungsriege wie üblich in endlosen Lobeshymnen feiern, Kritik wurde wieder nicht laut; offenkundige Schwierigkeiten wurden wieder einmal nicht angesprochen, sondern unter den Teppich gekehrt.

Daß der Parteitag dennoch viele in der DDR sehr interessierte, kam daher, daß Gorbatschow an ihm teilnahm. Sein „Grußwort", das eine programmatische Rede war, wurde aufmerksam studiert, seine Auftritte in der Öffentlichkeit, die sich so grundlegend von denen unterschieden, die man bisher von Kremlherren gewohnt war, wurden mit Interesse verfolgt — und manche DDR-Bewohner, die diesen Knopf am Fernsehapparat sonst nicht betätigen, schalteten sogar das DDR-Fernsehen ein, um Gorbatschow zu sehen. Sie sahen dabei freilich auch, welch klägliche Figur ihre eigenen Partei- und Staatsführer neben diesem Mann machten — und vielen wurde plötzlich klar, daß Erich Honecker doch ein alter Mann geworden sei, der mit diesem dynamischen Kremlherren sicher nicht Schritt halten könne. Und ein Jüngerer, der Honecker ablösen und ein deutscher Gorbatschow werden könnte, war nicht in Sicht.

Erstes Anzeichen dafür, daß die SED zunehmend auf Distanz zu Gorbatschows Ideen ging, war die „Zensur" von Gorbatschows Reden, die in den DDR-Medien entweder gar nicht oder aber stark gekürzt wiedergegeben wurden, und die Unterschlagung sowjetischer Kommentare, so daß die nicht des Russischen mächtigen DDR-Bewohner wieder einmal auf die westlichen elektronischen Medien angewiesen waren. Dennoch glaubten die Menschen in der DDR, auch noch nach dem SED-Parteitag, daß die SED über kurz oder lang die Gorbatschow-Ideen von „Perestrojka" und „Glasnost" übernehmen werde. Schließlich bemühte sich die SED ja auch, ihre vollständige Übereinstimmung mit allen außen- und verteidigungspolitischen Vorstellungen Gorbatschows immer wieder möglichst umgehend kundzutun. Immer mehr Menschen in der DDR setzten nach dem XI. Parteitag der SED auf Gorbatschow. Auch viele Mitglieder der SED — ob sie nun von einem Sozialismus nach dem Muster des Prager Frühlings träumten oder aufgrund ihrer beruflichen Einsichten und Erfahrungen zu der Überzeugung gelangt waren, daß grundlegende wirtschaftliche und damit Hand in Hand gehende gesellschaftliche Reformen notwendig seien — glaubten, der von Gorbatschow für die sowjetische Gesellschaft gewiesene Weg müsse auch von der DDR gegangen werden. In den Parteiversammlungen der SED wurden die Funktionäre bestürmt, Gorbatschows Reformkurs offen zum Diskussionsthema zu machen. Die Parteiführung wiegelte ab. Dennoch konnte sie nicht verhindern, daß unter Parteigenossen, in den Bildungseinrichtungen der Partei und des Staates, in kirchlichen Kreisen und privat unter Freunden über die Gorbatschow-Ideen gesprochen wurde. Jugendliche, die zu Pfingsten 1987 in Ost-Berlin beim Brandenburger Tor von der Polizei brutal attackiert wurden, weil sie sich zusammengefunden hatten, um aus der Ferne einem Pop-Konzert vor dem Reichstagsgebäude in West-Berlin zu lauschen, riefen in ihrer Verzweiflung nach Gorbatschow: „Die Mauer muß weg, Gorbi muß her."

In der zweiten Jahreshälfte 1986 und der ersten Jahreshälfte 1987 war in der DDR ein bis dahin nicht bekanntes Phänomen zu beobachten. Statt unverwandt ausschließlich nach Westen, blickten die Menschen nun auch nach Osten. Gewiß, das hatten einige auch schon 1968 getan, beim Prager Frühling in die Tschechoslowakei Dubceks. Doch sie waren sehr schnell belehrt worden, daß sie von dort nichts erwarten durften – weshalb die Vorgänge in Polen mit der Bildung der unabhängigen Gewerkschaftsbewegung Solidarität 1980 in der DDR auch kaum jemand zu besonderen Hoffnungen ermunterten – im Gegenteil. Doch nun lagen die Dinge anders. Diesmal ging die Reformbewegung vom Zentrum, von Moskau aus. So wurde zum ersten Mal in der Nachkriegsgeschichte ein sowjetischer KP-Generalsekretär zum Hoffnungsträger der Deutschen in der DDR. Von ihm erhoffte damals eine immer größer werdende Mehrheit eine Änderung der bedrängenden Verhältnisse im eigenen Land. Ob sich Gorbatschows innenpolitisches Programm in der Sowjetunion – also mit Russen – verwirklichen lasse, daran zweifelten in deutscher Überheblichkeit auch viele Menschen in der DDR, doch wenn Deutsche die Sache in Deutschland in die Hand nähmen, dann müsse sie ja gelingen, konnte man damals immer wieder in den „Nischen" hören.

Die SED-Führung, die offenbar fest damit rechnete, daß es den Konservativen in Moskau schon gelingen werde, den unbequemen Gorbatschow zu zügeln, und deren oberstes Gebot die Erhaltung ihrer Macht ist, machte ab Anfang 1987 zunehmend deutlich, daß für sie eine Übernahme der innenpolitischen Reformvorstellungen Gorbatschows auf die DDR nicht in Frage kommt. Sie fürchtete, daß jedes Zugeständnis an jene, die auch für die DDR „Perestrojka" und „Glasnost" fordern, zur „Anarchie" führen müßte, und sorgten sogar dafür, daß diese russischen Vokabeln in der DDR-Öffentlichkeit gar nicht erst in Gebrauch kamen. Gorbatschows große Rede auf dem Januar-Plenum des Zentralkomitees der sowjetischen KP 1987, in der er die Versäumnisse in den vergangenen Jahrzehnten schonungslos anprangerte und eine revolutionäre Umgestaltung von Wirtschaft und Gesellschaft der Sowjetunion forderte, wurde ebenso wie sein Schlußwort und der umfangreiche Reformbeschluß des sowjetischen Zentralkomitees von den DDR-Medien nicht im Wortlaut, sondern nur in einer mageren Zusammenfassung veröffentlicht, in der alle als „brisant" empfundenen Stellen weggelassen wurden. Statt dessen wurden seitenlange Bilanzen der sozial- und wirtschaftspolitischen Leistungen der DDR in den vergangenen fünfzehn Jahren seit Honeckers Machtantritt veröffentlicht, die beweisen sollten, daß das, was Gorbatschow auf dem Feld der Wirtschafts- und Sozialpolitik für die Sowjetunion erstrebt, in der DDR bereits Wirklichkeit sei.

In seiner Rede vor den 1. Kreissekretären der SED Anfang Februar 1987[2] machte Honecker die Haltung der SED-Führung deutlich. Auf Gorbatschows Pläne zur Umgestaltung der sowjetischen Wirtschaft antwortete er mit dem Hinweis auf die wirtschaftlichen Erfolge der DDR. Die 1970 in der DDR mit dem Ziel begonnenen grundlegenden Veränderungen in der Leitung, Planung und wirtschaftlichen Rechnungsführung, die Volkswirtschaft zu konsolidieren und eine dynamische Entwicklung einzuleiten, hätten sich bewährt. Sie hätten zur Schaffung und zum systematischen Ausbau der Kombinate in der Industrie und im Bauwesen geführt und zu einer breiten Entfaltung der Schöpferkraft der Werktätigen und der freien Entfaltung ihrer Initiativen. Auch in der Landwirtschaft sei es durch qualitative Veränderung im Genossenschaftswesen zu einem Aufschwung gekommen. „Das alles führte dazu, daß die Leistungen unserer Volkswirtschaft heute beispielhaft dastehen." Mit anderen Worten: Was die wirtschaftliche Leistungskraft betreffe, so habe die DDR jene Reformen bereits verwirklicht, die Gorbatschow für die sowjetische Wirtschaft anstrebe. Hier könne die Sowjetunion allenfalls von der DDR lernen und von ihr übernehmen.

Gorbatschows Forderung nach Demokratisierung und einer grundlegenden Veränderung des Wahlsystems sowohl im Staat als auch bei den Parteiwahlen in der Sowjetunion — Aufstellung mehrerer Kandidaten für eine Position und geheime Abstimmung — lehnte Honecker ab. „Wenn es um die sozialistische Demokratie in der DDR geht, dann ist sie durch nichts zu ersetzen." Heute übe jeder dritte Bürger der DDR eine ehrenamtliche Funktion aus. Vor den Volkskammerwahlen im Juni 1986 habe jeder die Möglichkeit gehabt, „die Kandidaten der Nationalen Front auszuwählen, auf die Liste zu setzen oder abzulehnen. Bei den Wahlen selbst konnte er jenen seine Stimme geben, die sein Vertrauen hatten, sowie jene streichen, die es nicht besaßen." Bürgerlichen Liberalismus habe die SED stets entschieden zurückgewiesen. „Unsere Demokratie ist Ausdruck der Tatsache, wie tief das sozialistische Gedankengut im Volke verwurzelt ist." Im übrigen, so Honecker, habe sich die „demokratische Organisation unserer Gesellschaft" gerade erst bei der Überwindung der Folgen des strengen Winters bewährt. „Unsere sozialistische Demokratie stellte erneut unter Beweis, daß sie der bürgerlichen Demokratie, dem bürgerlichen Liberalismus weit überlegen ist."

Schließlich meinte Honecker: „Es geht darum, daß jedes Land entsprechend seinen konkreten Bedingungen einen aktiven, schöpferischen Beitrag zur Umsetzung der gemeinsam erarbeiteten Grundpositionen leistet." Bei dem Treffen

---

[2] Neues Deutschland vom 7./8. Februar 1987.

der Parteiführer der osteuropäischen Staaten in Moskau im November 1986 habe die von den gemeinsamen Klassenzielen getragene Zusammenarbeit der Parteien und Staaten „gemäß den Prinzipien der Gleichheit, Unabhängigkeit und Selbständigkeit, der Verantwortung unserer Parteien gegenüber den eigenen Völkern" neue Impulse erhalten. Von größter politischer, ökonomischer und strategischer Tragweite für die Stärkung der Ausstrahlungskraft des Sozialismus sei heute in allen sozialistischen Ländern die Gewährleistung einer stabilen, dynamischen wirtschaftlichen und sozialen Entwicklung auf der Grundlage der modernsten Errungenschaften des wissenschaftlich-technischen Fortschritts. „Dabei muß jedes Land seinen Entwicklungsstand und seine spezifischen Gegebenheiten berücksichtigen, was natürlich mit sich bringt, daß es auch Unterschiede im Herangehen gibt." Der Aufbau des Sozialismus sei ein ständiger Prozeß der schöpferischen Suche nach den besten Lösungen, die den nationalen Bedingungen entsprächen.

Zuvor hatte Honecker in einem Interview mit dem theoretischen Organ der kommunistischen und Arbeiterparteien arabischer Länder „Al-Nahj" gesagt: „Jede Partei muß heute selbständig und eigenverantwortlich ihre Politik unter Berücksichtigung der nationalen und internationalen Bedingungen ausarbeiten und durchführen. Wenn sich die Parteien von internationalistischer gegenseitiger Solidarität leiten lassen, werden Unterschiede im Herangehen an diese oder jene Aufgabe die schöpferische Suche nach Lösungswegen und mögliche Meinungsverschiedenheiten die Zusammenarbeit und den gemeinsamen Kampf nicht behindern. Im Gegenteil, wir können feststellen, daß das Streben der kommunistischen Parteien nach Zusammenwirken zunimmt. Das zeige sich in einem wachsenden Drang nach Dialog, nach Meinungsaustausch, nach Abstimmung und Koordinierung."[3]

Damit war die Argumentationslinie der SED klar. Politbüromitglied Kurt Hager lag genau auf dieser Linie, als er im April 1987 die Haltung der SED zu den Gorbatschow-Reformen erläuterte. „Würden Sie, wenn Ihr Nachbar seine Wohnung neu tapeziert, sich verpflichtet fühlen, Ihre Wohnung ebenfalls neu zu tapezieren?"[4] Diese Bemerkung ergänzte Hager mit der Behauptung, die SED habe sich die Lehren Lenins, insbesondere die Theorie der sozialistischen Revolution und des sozialistischen Aufbaus sowie die Lehre von der Partei, angeeignet und aus dem reichen Erfahrungsschatz der KPdSU Nutzen gezogen. „Dies bedeutete jedoch auch in der Vergangenheit nicht, daß wir alles, was in der Sowjetunion geschah, kopierten."

Hager erinnerte bemerkenswerterweise in diesem Zusammenhang an den Aufruf der KPD vom 11. Juni 1945 und zitierte daraus den Satz: „Wir sind der Auffassung, daß der Weg, Deutschland das Sowjetsystem aufzuzwingen, falsch

---

[3] Neues Deutschland vom 30. Januar 1987.
[4] Neues Deutschland vom 10. April 1987.

wäre, denn dieser Weg entspricht nicht den gegenwärtigen Entwicklungsbedingungen in Deutschland." Dieses Bekenntnis der KPD von 1945 zu einem eigenen deutschen Weg zum Sozialismus ist in der Folgezeit in der sowjetischen Besatzungszone und in der DDR schnell vergessen worden. Um so bemerkenswerter ist es, daß es jetzt wieder hervorgeholt wird.

Diese Argumentationslinie hat die SED bis heute durchgehalten, wobei auffällt, daß keiner aus dem Kreis der Parteiführung es bisher gewagt hat, sich öffentlich differenzierter und wohlwollender zu Gorbatschows innenpolitischen Reformen zu äußern. Abgesehen vielleicht von einer gemäßigt wohlwollenden Rezension des „Perestrojka"-Buches von Gorbatschow durch den Rektor der Akademie für Gesellschaftswissenschaften beim ZK der SED, Professor Dr. Otto Reinhold, in der theoretischen Zeitschrift des ZK „Einheit" im April 1988. Das Buch ist zwar in einer eigenen Übersetzung in der DDR erschienen, doch sind kaum Exemplare in die Buchhandlungen gelangt: „Die Partei hat beide Auflagen (je 40 000 Exemplare) fast vollständig aufgekauft. Beim Publikum hat das große Verärgerung ausgelöst, die sich in lautstarken Auseinandersetzungen zum Beispiel in Ost-Berliner Buchhandlungen, aber auch auf Parteiversammlungen Luft machte.

Daß die SED im übrigen auch nichts von der in der Sowjetunion praktizierten Auseinandersetzung mit der eigenen Geschichte und der schonungslosen Abrechnung mit Stalin und dem Stalinismus hält, hat sie nicht nur durch die heftige Kritik an dem sowjetischen Film „Die Reue" Ende Oktober 1987 deutlich gemacht, der im westdeutschen Fernsehen gezeigt worden war, sondern auch durch den vollständigen Abdruck eines Artikels in der „Sowjetskaja Rossija" im April 1988, in dem heftige Kritik am neuen Umgang mit der Geschichte der Sowjetunion und der KPdSU geübt wurde[5]. Erst mit Verspätung hat das SED-Zentralorgan „Neues Deutschland" – offenbar nach Intervention aus Moskau – die Entgegnung der „Prawda" abgedruckt[6]. Einen vorläufigen Höhepunkt in dieser Verhinderung einer Stalinismus-Diskussion in der DDR – vor der sich die SED angesichts der immer noch bestehenden stalinistischen Strukturen im Lande und der stalinistischen Vergangenheit noch heute führender SED-Funktionäre fürchtet – stellt die Streichung der deutschsprachigen sowjetischen Zeitschrift „Sputnik" aus der Postzeitungsliste der DDR im November 1988 dar. Zur Begründung hieß es in einer Mitteilung der Pressestelle des Ministeriums für Post- und Fernmeldewesen: Die Zeitschrift „bringt keinen Beitrag, der der Festigung der deutsch-sowjetischen Freundschaft dient, statt dessen verzerrende Beiträge zur Geschichte"[7]. Die Streichung des „Sputnik" aus der Postzeitungsliste – was praktisch bedeutet, daß die Zeitschrift in der DDR nicht mehr erhältlich ist – sowie die fast gleichzeitig erfolgte Herausnahme von fünf

---

[5] Neues Deutschland vom 2./3. April 1988.
[6] Neues Deutschland vom 9./10. April 1988.
[7] Neues Deutschland vom 19./20. November 1988.

geschichtskritischen sowjetischen Filmen aus dem Kinoprogramm der DDR, hat weite Kreise der DDR-Bevölkerung in Zorn versetzt und – wie man hören kann – mehrere hundert SED-Mitglieder veranlaßt, ihre Parteimitgliedschaft aufzukündigen.

Die in den Jahren 1986 und 1987 immer lauter werdenden Forderungen nach Übernahme der gesellschaftspolitischen Reformvorschläge Gorbatschows in der Bevölkerung der DDR hat zu einer zunehmenden Verhärtung der SED, zu manchem Rückfall in stalinistische Unterdrückungsmethoden in der DDR geführt. Ein Beispiel dafür ist die seit Februar 1988 zu beobachtende strenge Zensur der fünf evangelischen Wochenzeitungen, die in der DDR erscheinen. Weil sie „Offenheit" praktizieren, über das neue Verhältnis zwischen dem Sowjetstaat und der russisch-orthodoxen Kirche, über Mißstände in der DDR-Gesellschaft und über gesellschaftliche Reformvorstellungen kirchlicher Gruppen berichten wollten, verlangte das Presseamt beim Vorsitzenden des Ministerrates der DDR entweder entstellende Änderungen oder die Herausnahme ganzer Berichte. Ein weiteres Beispiel ist das rigorose Vorgehen von Polizei und Staatssicherheitsdienst der DDR gegen Mitglieder kirchlicher Gruppen, die mit eigenen Transparenten im Januar 1988 an der offiziellen „Kampfdemonstration" für Rosa Luxemburg und Karl Liebknecht in Ost-Berlin teilnehmen wollten. Das Rosa-Luxemburg-Wort „Freiheit ist immer die Freiheit des Andersdenkenden" wurde von den sozialistischen Ordnungshütern offenbar als „konterrevolutionäre" Parole verstanden und diejenigen, die sich unter dieser Losung versammeln wollten, festgenommen und abtransportiert.

Die starre, ablehnende Haltung der SED-Führung gegenüber den innenpolitischen Reformvorstellungen Gorbatschows hat auch zu einer zunehmenden Isolierung der DDR im Ostblock geführt. Während Ungarn, Polen und auch Bulgarien dem sowjetischen Vorbild nacheifern und die Tschechoslowakei sich nur vorsichtig und teilweise distanziert, befindet sich die DDR – zusammen mit dem rumänischen Stalinisten Ceaucescu – allein. Freilich glaubt Honecker, sich relativ früh der sowjetischen Vorstellung zu einem eigenen Weg der SED versichert zu haben. Nach dem XI. SED-Parteitag im April 1986, bei dem Gorbatschow die ganze Zeit anwesend war, fand ein „Informationsaustausch" zwischen ihm und Honecker statt, an dem fast das ganze SED-Politbüro teilnahm. Damals hieß es offiziell: „Mit Befriedigung wurde festgestellt, daß die Parteitage die volle Übereinstimmung der Auffassungen und Positionen der SED und der KPdSU in den Grundfragen des sozialistischen und kommunistischen Aufbaus sowie der Außenpolitik, die Festigung des Bruderbundes zwischen den beiden Parteien, zwischen den Völkern der DDR und der Sowjetunion demonstriert haben."[8] Damit war deutlich geworden: Bei voller Übereinstimmung „in den Grundfragen" des sozialistischen Aufbaus sollen unterschiedliche Wege möglich sein.

---
[8] Neues Deutschland vom 23. April 1986.

Beim bisher letzten Treffen zwischen Gorbatschow und Honecker Ende September 1988 in Moskau fand man eine neue Formel für das Verhältnis zwischen der DDR und der Sowjetunion im Hinblick auf ihre Reformvorstellungen. In der „Gemeinsamen Pressemitteilung" über das Treffen heißt es: „Die SED und das Volk der DDR bringen ihre einmütige Unterstützung für den Kurs der KPdSU zur Erneuerung der sowjetischen Gesellschaft zum Ausdruck. Sie sind davon überzeugt, daß die Erfüllung der Beschlüsse des XXVII. Parteitages der KPdSU und der Festlegungen der XIX. Unionsparteikonferenz sowie der Erfolg der Umgestaltung in der UdSSR von großer Bedeutung für die Festigung des Friedens und die Stärkung des Weltsozialismus sein werden. Die KPdSU und das Sowjetvolk wünschen der SED und den Werktätigen der DDR weiterhin Erfolg bei der Verwirklichung des auf die Einheit von Wirtschafts- und Sozialpolitik gerichteten Kurses der Partei und bei der Erfüllung der Beschlüsse des XI. Parteitages der SED zur Stärkung des sozialistischen deutschen Staates, zum Wohle seines Volkes."[9] Seit der Mitte des Jahres 1988 sind die DDR-Medien auch dazu übergegangen, die Äußerungen Gorbatschows zu innenpolitischen Fragen der Sowjetunion ausführlich und korrekt wiederzugeben.

Gegenwärtig ist nicht damit zu rechnen, daß Gorbatschow Druck auf die SED auszuüben bereit ist, um diese zu innenpolitischen Reformen zu drängen. Er wird vielmehr die SED gewähren lassen, solange sie für Ruhe und Sicherheit in der DDR und damit im westlichen Vorposten des sozialistischen Systems sorgt. Allerdings: Erich Honecker ist 76 Jahre alt. Wenn er abtritt – und damit wird in den nächsten zwei Jahren gerechnet – werden mit ihm die gegenwärtig wichtigsten Mitglieder des Politbüros ausscheiden. Sie sind zwischen 70 und über 80 Jahre alt. Es wird also nicht nur einen Wechsel des ersten Mannes, sondern einen Generationswechsel in der SED-Führung geben, der tiefgreifender sein wird als jeder vorherige: Von denen, die nach Honecker das Steuer in der DDR ergreifen, wird keiner mehr das ungeteilte Deutschland durch eigenes Erleben kennen. Das wird zumindest in der künftigen Deutschlandpolitik der SED spürbar werden. Da sich der neue Parteichef in seinem Programm von seinem Vorgänger unterscheiden muß, wenn er sich als eigenständiger Führer profilieren will, ist es nicht ausgeschlossen, daß der Nachfolger Honeckers über dessen Spätphase das gleiche Verdikt aussprechen wird wie Gorbatschow über die Spätphase Breschnews: Stagnation. So könnte es dahin kommen, daß der Generationswechsel in der SED-Führung doch zu einem Einschwenken der DDR auf den Gorbatschow-Kurs führt.

Ich fasse zusammen: Das Auftreten Gorbatschows, sein Eintreten für grundlegende Reformen in Partei, Staat, Gesellschaft und Wirtschaft der Sowjetunion haben in der Bevölkerung der DDR in den Jahren 1986 und 1987 vorübergehend die Hoffnung aufkommen lassen, mit Gorbatschows Hilfe könnten die sie bedrückenden Zustände in der DDR doch noch geändert werden. Die schroff ab-

---

[9] Neues Deutschland vom 30. September 1988.

lehnende Reaktion der gegenwärtigen SED-Führung, für die die Übernahme der Gorbatschow-Reformen gleichbedeutend mit dem Marsch in die Anarchie ist, hat im Laufe des Jahres 1988 zu einer tiefen Resignation in der Bevölkerung geführt, die nun endgültig davon überzeugt ist, daß sich in der DDR nichts mehr zum Besseren ändern wird. Im Gegensatz zu auswärtigen Beobachtern der Situation wird von der Mehrheit der Bevölkerung gegenwärtig auch von einem Wechsel an der SED-Spitze keine Änderung erwartet — ein Reformer, so heißt es, ein deutscher Gorbatschow, sei weit und breit nicht in Sicht. Doch Stimmungen in der Bevölkerung können sich ändern.

Peter Lübbe

DER X. SCHRIFTSTELLERKONGRESS DER DDR UND SEINE KULTURPOLITISCHEN PERSPEKTIVEN

Stefan Heym, Jahrgang 1913, seit Jahr und Tag wider den Stachel löckender Schriftsteller in der DDR, erklärte im April 1987, es sei „viel leichter, neue Filme drehen zu lassen, Bücher neuen Inhalts zu veröffentlichen, als einen Betrieb umzukrempeln oder ein Industrieministerium auf Trab zu bringen".[1] Das ist nicht zu bezweifeln. Wie hart die Nüsse aber schon im kulturellen Bereich sind, zeigt, daß Bücher eben aus der Feder besagten Stefan Heyms wie „5 Tage im Juni" (1974) und „Collin" (1979), die die Geschichte der DDR kritisch aufzuarbeiten suchen, immer noch nicht die Leser, für die sie vor allem geschrieben sind, nämlich die zwischen Neiße und Elbe, erreichen können.

Die Zensurbehörde im Arbeiter-und-Bauern-Staat hat das bislang verhindert.

Neu nun ist, welch beachtlicher Schritt, daß über das staatliche Werkzeug, mit dem Autoren daran gehindert werden, ihre Manuskripte unverstümmelt an die Leser des eigenen Landes zu bringen, öffentlich gesprochen werden kann.

Im Vorfeld des X. Schriftstellerkongresses veröffentlichte z.B. Elmar Faber, Leiter des Aufbau-Verlages, im „Sonntag", der Wochenzeitung des DDR-Kulturbundes, einen Leitartikel über „Autoren und Verleger". Nicht etwa, daß dort „Zensur" auftauchte, auch nicht in seiner staatlichen Verkleidung, dann heißt es „Druckgenehmigung", nein, nichts von dem. Doch fürwahr Erstaunliches gab es nichtsdestoweniger zu lesen, nämlich über „Sarkasmen", die DDR-Schriftsteller, so Faber, „glauben, den Verlegern nachsagen zu müssen. Unter einem doppelten Kreuz würden sie leiden ... *ver*hinderte Autoren und *be*hinderte Verleger ... Die Autoren kämpften um ihre Manuskripte, die Verleger um ihre Posten".[2] Natürlich bestritt der „Aufbau"-Direktor diese Feststellungen, und er beschwor das Verhältnis von Autor und Verlag als das der siamesischen Zwillinge: „Wenn sie sich trennen lassen, kann es tödlich sein."[3] Tödlich für wen? Doch diese Frage beantwortet Elmar Faber nicht.

Eine Antwort aber vermittelte der am 24.–26. November 1987 tagende X. Schriftstellerkongreß der Deutschen Demokratischen Republik, auf dem

---

[1] Die Weltwoche. Zürich, 16. April 1987, S. 5.
[2] Sonntag. Berlin-Ost, 15. November/46/1987, S. 2.
[3] Ebd.

292 Delegierte die rund 1000 Mitglieder vertraten. Verbandspräsident Hermann Kant, der noch anläßlich seiner Ehrenpromotion in der Greifswalder Ernst-Moritz-Arndt-Universität am 7. Mai 1980 das Vorhandensein von Zensur in der DDR — ideologiegemäß — leugnete, einen „Zensor" vermochte Kant angeblich nur „in älteren Ordnungen" des Staates zu entdecken[4], der gleiche Hermann Kant also nannte in der Kongreßhalle am Berliner Alexanderplatz im Herbst 1987 Zensurbehörde und obersten Zensor beim Namen: Das Amt verbirgt sich hinter der unverdächtigen Bezeichnung „Hauptverwaltung für Verlage und Buchhandel"; der staatliche Chefzensor heißt Klaus Höpcke, Stellvertreter des Ministers für Kultur der DDR und Leiter besagter Hauptverwaltung.

Zur Erinnerung: Am 20. Juli 1959 verabschiedete der Minister des Innern im Einvernehmen mit dem Minister der Justiz eine „Anordnung über das Genehmigungsverfahren für die Herstellung von Druck- und Vervielfältigungserzeugnissen". Diese „Anordnung" bildet auch heute noch die gesetzliche Grundlage der Zensur in der DDR. Im § 1 heißt es: „Zur Herstellung von Druck- und Vervielfältigungserzeugnissen ist, unabhängig von der Zahl der gefertigten Exemplare sowie von der Art der zur Herstellung benutzten Maschinen, Apparate, Geräte oder Gegenstände eine staatliche Genehmigung (Druckgenehmigung) erforderlich. Die Druckgenehmigung schließt die Genehmigung zur Herstellung der Druckträger ein." Im § 4 der „Anordnung" wird festgelegt: „Die Druckgenehmigung kann eingeschränkt und mit Auflagen verbunden werden." Im § 6 heißt es schlicht: „Gegen die Entscheidungen des Ministeriums ist die Beschwerde nicht gegeben."[5]

Übrigens, auch Hermann Kant, das sei hier eingeflochten, mußte einschlägige Erfahrungen machen. „Forum", die Halbmonatszeitung des Zentralrats der FDJ (sie stellte 1983 ihr Erscheinen ein), begann in Nr. 7/1969 mit dem Abdruck von Kants Roman „Das Impressum". In der zweiten Augustausgabe (14/1969) steht zwar auf Seite 23: „Fortsetzung folgt"; doch ohne jede Erklärung wird der Vorabdruck hier abgebrochen. Erst 1972, als Kant sich — nach langwierigem Tauziehen — entschließt, ministeriellen „Empfehlungen" zu folgen und eine Reihe von Änderungen am abgeschlossenen Manuskript vorzunehmen, darf das Werk erscheinen. Vergleicht man den Vorabdruck mit der Buchfassung, so lassen sich Grad und Art der Umarbeitung — zumindest des ersten Romanteils — erkennen. Zurückgenommen werden vor allem Kritik an der Kaderpolitik der SED-Führung und an Stalin.[6]

Zurück zum X. Schriftstellerkongreß. Der Verbandspräsident weiß also, von wem er spricht, wenn er Klaus Höpcke den „Bücherminister" nennt. Daß er, so

---

[4] H. Kant: Zu den Unterlagen. Berlin-Ost 1981, S. 256.
[5] Gesetzblatt der Deutschen Demokratischen Republik. I, Berlin-Ost 1959, S. 640.
[6] Vgl. a. H. Kant: Zu den Unterlagen, a.a.O., S. 288, 349.

Kant, „unser Verbündeter ist, haben wir mehr als einmal herausgestrichen", und er fügt hinzu, „daß wir uns an ihn halten müssen, auch". Die Zwänge der Kulturpolitik der DDR scheinen auf, wenn Kant fortfährt: „Es sollte ihm recht sein, wenn wir hier Klage führen, denn er ist wie wir in einmal verordnete Gepflogenheiten eingebunden."

Das Klagelied des Schriftstellerpräsidenten klingt wie folgt: „Auf dem Gebiet, wo aus unseren Ideen und Manuskripten Bücher werden, scheint manches nicht mehr angemessen, etwa: Das Stück Leben, während dem unser beschriebenes Bündel durch den Verwaltungsorbit kreist, ist uns zu lang. Die Menge der Papiere, die zwischen Geschriebenem und Gedrucktem benötigt werden, scheint uns zu groß." Fast kafkaesk mutet es an, wenn Kant aus dem Alltag staatlich bestellter Prüfer berichtet: „Wir fragen uns, ob im Rosenkranz aus Gutachten, Anträgen, Bescheiden und Genehmigungen nicht ein paar Röschen fehlen könnten. Wir mögen weder anonyme Expertisen noch die gutachterliche Tätigkeit aller erdenklichen Fachbereiche, wenn ein Roman oder, Gott behüte, ein Bühnenstück von ihnen handelt."

Wer nun vermeint, das wäre es gewesen, der irrt. Den Autoren nämlich steht, wenn ihr Werk das Licht der DDR erblickt hat, eine weitere Pein ins Haus. Kant: „Wir sehen nicht, warum man um Bücher, die schon bei erster Auflage nichts zum Einsturz brachten, all die alten Schlachten noch einmal schlagen muß, wenn es um Neudruck geht."[7] Soweit Hermann Kant im November 1987. Am 31. Mai 1983, in seiner Rede auf dem IX. Kongreß, wurden Fragen, die mit Zensur und Zensoren zusammenhängen, obgleich sie damals nicht weniger drückend waren, von ihm überhaupt nicht berührt.

Günter de Bruyn, Jahrgang 1926, Verfasser des ironisch-satirischen Romans „Neue Herrlichkeit" (1987), greift Hermann Kants Rede wider die Zensur auf, geht aber einen Schritt weiter. Er erklärt nämlich, er wünsche im Rechenschaftsbericht des nächsten, des XI. Schriftstellerkongresses zu lesen, „daß die Verantwortung für die Herstellung von Büchern künftig vollständig bei den Autoren und ihren Verlegern liegt".[8]

Dem Erzähler, Kritiker und Dramatiker Rainer Kerndl, Jahrgang 1928, fällt ein bildhafter Vergleich für den Widersinn ministerieller Druckgenehmigungsverfahren ein. Kerndl: „Ich denke manchmal, hätten etwa Graham Greenes Manuskripte jedesmal einem Mitarbeiter des britischen Foreign Office zur zustimmenden Begutachtung vorgelegt werden müssen, wäre der Erfinder des ‚Stillen Amerikaners' und ‚Unser Mann in Havanna' womöglich heute nicht mal in Wales oder Nottingham bekannt." Kerndl schlußfolgert: „Zeitgenössische Literatur, die nirgends anstößt, sagen wir ruhig: aneckt, wird auch keine Anstöße

---

[7] H. Kant: Zum Schriftstellerberuf gehört, stets auf Posten zu sein in den Kämpfen der Zeit. Neues Deutschland. Berlin-Ost (= ND), 25. November 1987, S. 5.
[8] Neue Deutsche Literatur. Berlin-Ost (= NDL) 3/1988, S. 87.

geben und ist wie rezeptfreie Medizin, von der man getrost sagen kann, daß sie nicht schadet, aber daß sie auch nicht hilft."[9]

Auf dem Kongreß wurden vier Arbeitsgruppen gebildet: 1. Literatur und Wirklichkeit (Leitung Landolf Scherzer); 2. Literatur und Geschichtsbewußtsein (Leitung Günther Rücker); 3. Literatur und Welt (Leitung Max Walter Schulz); 4. Literatur und Wirkung (Leitung Peter Abraham). Der Antrag von Horst Matthies aus Rostock, „Diskussionen über ihm wesentlich erscheinende Themen nicht in Arbeitsgruppen, sondern nur im Plenum zu führen", wurde verworfen.[10]

In der Arbeitsgruppe vier ergreift Christoph Hein, parteilos, Jahrgang 1944, Verfasser des Romans „Horns Ende" (1986), das Wort und trägt in einer Art geballten Ladung all das zusammen, was die Zensur an verheerender Wirkung an der Literatur und den Literaten in der DDR angerichtet hat und anrichtet. Hein: „Die Zensur ist nutzlos, denn sie kann Literatur nicht verhindern, allenfalls ihre Verbreitung verzögern." Er verweist darauf, daß etliche in der DDR verbotene Bücher — wie einige von Stefan Heym — schließlich doch in DDR-Verlagen erscheinen.

Hein erklärt Zensur für „paradox, denn sie bewirkt stets das Gegenteil ihrer erklärten Absicht. Das zensierte Objekt verschwindet nicht, sondern wird unübersehbar".

Hein erkennt die Zensur als „menschenfeindlich". Nicht zuletzt ihretwegen hätten etliche Schriftsteller ihre Heimat verlassen; andere würden in beschämende Selbstzensur getrieben.

Die Zensur verhindere die Unabhängigkeit und zerstöre die Glaubwürdigkeit jedes Verlegers.

Sogar der Zensor selber werde in seiner Menschlichkeit, zumal wenn er kunstsinnig ist, zerbrochen. „In der Funktion, Genehmigungen zu erteilen oder zu verhindern", verkümmere er „zum Büttel".

Hein: „Die Vorstellung, ein Beamter könne darüber entscheiden, was einem Volk zumutbar und was ihm unbekömmlich sei, verrät nur die Anmaßung, den Übermut der Ämter." Hein kennzeichnet die Zensur deshalb rechtens als „volksfeindlich". Zudem stuft er sie als „ungesetzlich" ein; denn sie steht im Gegensatz zu den Artikeln 28–30 der Verfassung der DDR (Freiheitsgarantien, insbesondere Meinungsfreiheit und Nutzung ihrer materiellen Voraussetzungen wie Druckereien und Nachrichtenmittel).

Für Hein ist Zensur „strafbar, denn sie schädigt in hohem Grad das Ansehen der DDR und kommt einer ‚öffentlichen Herabwürdigung' gleich".[11]

---

[9] Ebd., S. 116.
[10] Vgl. ebd., S. 12.

Es versteht sich, daß diese Brandrede Christoph Heins in der DDR nicht veröffentlicht wurde. Zumindest bislang nicht.

Hein vergleicht die Lage der Autoren, die, wenn auch nur eingeschränkt, zwischen verschiedenen Verlagen wählen können, mit der Stellung der Stückeschreiber, denen nur ein einziger Bühnenvertrieb zur Verfügung steht: „Die Dramatiker können arbeiten und beten; andere Möglichkeiten haben sie nicht, denn mit einem Monopol läßt sich bekanntlich nicht diskutieren."

Hein veranschaulicht, warum das Theater für viele Stücke eine „unüberwindliche Hürde ist. Als lokales Kulturhaus untersteht es lokalen Behörden, denen die zentrale Entscheidung wenig bedeutet und die die Manuskripte erneut prüfen". Das wäre also, verglichen mit dem Buchmarkt so, als ob das Werk, bevor es verkauft werden kann, nochmals in jedem Bezirk, in jedem Kreis, in jeder Stadt unter die Lupe genommen wird, ob es in den Buchhandlungen des Bezirks, des Kreises, der Stadt vertrieben werden darf.

Hein schließt: „Solange nicht der Intendant für seinen Spielplan zuständig ist, solange Stücke, über die man sich streiten kann, in den verschiedenen Schubladen des Ministeriums oder der Bezirksleitungen oder der örtlichen Behörden oder der Theater bleiben, bis sie zur Unstrittigkeit gealtert sind, solange ein Intendant mit der Produktion neuer Stücke seine Position gefährdet..., solange werden wir vielleicht ein unterhaltsames Theater haben, aber kein Theater als öffentliches Forum, kein Theater der Gegenwart."[12]

Erinnert sei daran, daß Kaiser Wilhelm II. im Februar 1893 nach der Uraufführung von Gerhart Hauptmanns „Weber" zwar seine Theaterloge aufkündigte, es ihm aber an der Macht gebrach, das Stück absetzen oder gar das Theater schließen zu lassen.

„Von all den ungelösten Problemen ist das des Mangels an Öffentlichkeit eines der ärgsten", klagte der 1984 verstorbene Franz Fühmann im Mai 1978.[13] Christoph Hein spitzt das spöttisch zu, wenn er zum „Buchleseland" DDR folgendes verklärt: „Das Verdienst dafür gebührt unserer Presse, unseren Medien. Ihre Zurückhaltung in der Berichterstattung und der verläßliche Konsens ihrer Meinungen führte dazu, daß kaum ein Bürger unseres Landes mehr als ein paar Minuten sich mit ihnen zu beschäftigen hat. Der Leser wird durch Neuigkeiten nur für kurze Zeit abgelenkt und kann sich dann wieder unseren Büchern zuwenden, von denen er nicht nur Unterhaltung und Geschichten, sondern auch Neues und Wahres erhofft."

---

[11] Christoph Hein: Die Zensur ist überlebt, nutzlos, paradox, menschen- und volksfeindlich, ungesetzlich und strafbar. Die Zeit. Hamburg, 4. Dezember/50/1987, S. 57.
[12] Ebd., S. 57, 58.
[13] F. Fühmann: Verstörung bis zu Resignation. Die Zeit, a.a.O., 12. Mai/20/1978, S. 47.

Es wird bitterernst, wenn Hein den Ideologiewächtern den Spiegel vorhält: „Eine Agitation und Propaganda, die die Massen nur zu belehren glaubt und unfähig ist, sich von den Massen belehren zu lassen, wird erfolglos bleiben müssen. Wer nicht zuzuhören versteht, verlernt erfahrungsgemäß auch bald, sich verständlich zu machen ... Eine einseitig vermittelnde Presse, eine Presse, die nur eine erwünschte Realität vermittelt, die aus der vorhandenen Meinungsvielfalt und den vorhandenen Lösungsvorschlägen zu gesellschaftlichen Fragen und Problemen allein die ihr opportunen heraussucht und öffentlich macht, beraubt sich selbst der Wirkung ... sie öffentlich zu diskutieren ... (und) die beste Lösung zu finden." Das Verhältnis von Autor und Kritiker empfiehlt der Schriftsteller Christoph Hein als naturgegeben widersprüchlich hinzunehmen. „Vielleicht müssen wir lernen, damit zu leben, als Hund und Katze ... Denn wenn wir nicht mehr wie Hund und Katze miteinander auskommen, dann bleibt uns möglicherweise nur noch eine Beziehung wie die zwischen Katze und Maus. Das würde dann schnell jeden Widerspruch lösen."[14]

Heins beherzte Rede, deren Wortlaut er bis zur Arbeitsgruppensitzung zurückhalten konnte, ist unbestreitbar das Belangvollste, was auf dem X. Schriftstellerkongreß der DDR gesagt und unzweifelhaft eines der bedeutsamsten Bekenntnisse, die je auf einer Schriftstellerveranstaltung in der fast 40jährigen Geschichte der Deutschen Demokratischen Republik geäußert wurde.

Der Abschlußbericht des „Neuen Deutschland" über die Arbeitsgruppe vier, in der Hein unerschrocken seine Gedanken vortrug, beschränkte sich auf den blassen Satz: „Breite Diskussionen hätten Heins Darlegungen zur Verlagsarbeit angeregt."[15]

Wie nun antwortet der „Bücherminister" auf die Herausforderung der Kant, de Bruyn, Kerndl, Hein? Klaus Höpcke verspricht, künftig würden Manuskripte nicht mehr anonym begutachtet. „Wer beansprucht, nach Abgabe seines Urteils unerkannt und namenlos zu bleiben, den nehmen wir für Urteilsbildung nicht in Anspruch."[16] Natürlich bringt Herr Höpcke kein selbstkritisches Wort über die Lippen, das diese menschenverachtende Gutachtertätigkeit vergangener Jahrzehnte bedauert oder gar verurteilt. Im Grundsätzlichen soll sich nach Meinung des Ministers nämlich nichts ändern, da angeblich auch „der belletristische Autor und Verleger", wie Höpcke sich ausdrückt, „fachlichen Rat such und braucht".[17]

Weder auf dem X. Schriftstellerkongreß noch zuvor oder danach lassen sich freilich Autoren ausmachen, die vermeldet hätten, sie „suchten und brauchten" die staatlich verordnete Druckgenehmigung.

---

[14] Anmerkung 11, S. 58.
[15] ND, 27. November 1987, S. 3.
[16] NDL 3/1988, S. 122.
[17] Ebd., S. 123.

Doch ein Zugeständnis läßt der Minister sich noch abringen. Höpcke: „Selbstverständlich ist es überflüssig, bei Neuauflagen Prozeduren zu wiederholen, die die Erstauflage begleiten. Dennoch ist das vorgekommen. Wo wir darauf stoßen, korrigieren wir es, so schnell wir können."[18] Die Einschränkung, daß es Fälle gibt, wo das Ministerium für Kultur nicht darauf „stößt", mag ein Schlaglicht auf den Ostberliner Amtsschimmel werfen, kann aber auch nichts weiter sein als eine Hintertür, durch die der Zensor doch noch ein zweites Mal zuzuschlagen vermag.

Auf einer Tagung der Hauptverwaltung mit Leitern des Buchhandels, der Bibliotheken und mit Literaturreferenten der Bezirksräte im Anschluß an den Schriftstellerkongreß erklärte Klaus Höpcke, „daß gegenwärtig darüber beraten wird, wie administrative Schranken zugunsten höherer verlegerischer Verantwortung in diesem Prozeß beseitigt und somit der Zeitabstand zwischen Manuskriptabgabe und Buch verringert werden kann."[19] Die Zensur soll also geschmeidiger handhabbar, nicht etwa abgeschafft werden.

Bemerkenswert auf dem X. Schriftstellerkongreß war nicht zuletzt die Rede des Deutsch und Sorbisch schreibenden Jurij Koch, Jahrgang 1936. Er klagte über zwiegesichtige Fortschrittsgläubigkeit, darüber, wie Braunkohlegroßbagger bis zur Jahrtausendwende fast ein Viertel des Bodens im Bezirk Cottbus verwüstet haben werden: „In Jahrhunderten entstandene Siedlungen müssen den Abraumbaggern weichen, mitsamt ihren Kirchen und Friedhöfen, Schlössern und Anlagen, Naturschutzgebieten, Umgebindehäusern und Fachwerken."[20] Hans Reichelt, Stellvertreter des Vorsitzenden des Ministerrates und Minister für Umweltschutz und Wasserwirtschaft, der erklärte, daß sich auch langfristig nichts daran ändern werde, daß 94 Prozent der Elektroenergie in der DDR auf Grundlage von Rohbraunkohle erzeugt würden[21], verließ das Rednerpult unter Mißfallensäußerungen.

In seiner Eröffnungsansprache bedauerte Stephan Hermlin die „Verluste" der letzten Jahre: „Manche unserer Kollegen haben die DDR verlassen, und unter ihnen befinden sich einige wesentliche Schriftsteller." Hermlin möchte die Schuld für die „Verluste" aber nur zur Hälfte „bürokratischen oder dogmatischen Behinderungen" zuweisen; zum anderen meint er, habe es den in Verlust Geratenen an „Geduld" gemangelt[22] – ein Vorwurf, der den langwierigen, geduldverzehrenden Kämpfen Wolf Biermanns, Erich Loests, Günter Kunerts, Jurek Beckers, um nur vier zu nennen, mitnichten gerecht wird.

---

[18] Ebd.
[19] Börsenblatt für den deutschen Buchhandel. Leipzig 21/1988, S. 398.
[20] NDL 3/1988, S. 110.
[21] Vgl. ebd., S. 138.
[22] Ebd., S. 8.

Einen Brief der abwesenden Christa Wolf, die sich „für eine Normalisierung der Verhältnisse mit den Kollegen, die die DDR verlassen haben (und) die es wünschen", starkmacht[23], verlas Günther de Bruyn.

Hermann Kant wiederholte verheißungsvoll, was er bereits im Oktober auf der Berliner Wahlversammlung der Schriftsteller verkündet hatte: „Was wir damals beschlossen haben, den Abschied von einer Reihe von Kollegen, ihren Ausschluß, das muß ja nicht für die Ewigkeit gelten. Nach meiner Ansicht haben wir keine Beschlüsse gefaßt, die uns auf Dauer trennen müssen. Ich glaube, es gehört in diese Zeit, daß wir sagen: Der Verband hat eine offene Tür."[24]

Nun, wenn sich die Verbandspolitik auch „nicht von den hehren Prinzipien sizilianischer Blutrache"[25] leiten läßt, so hütet sich Kant doch, auch nur einen einzigen Namen zu nennen. Vergraulte bleiben offensichtlich Unpersonen. Die angeblich geöffnete Tür wurde mit hartem Knall zugeschlagen, als der bundesrepublikanische Schriftstellerverband (VS) den 1979 aus dem DDR-Verband getriebenen, seit März 1981 erst in Osnabrück, dann in Bonn lebenden Erich Loest als Gast zum Alexanderplatz schicken wollte. Der VS bedauerte die Absage und verzichtete auf die Einladung. Die Delegierten des Schriftstellerkongresses durften sich veranlaßt sehen, über Öffnung, nicht nur die von Türen, weiter nachzudenken.

Stephan Hermlin beklagte unter Verweis auf Wolfgang Harichs Standpauke gegen Friedrich Nietzsche in „Sinn und Form"[26] „so viele mit unsinnigen Diskussionen vertane Jahre".[27] Hermlins Einrede gegen den „anachronistischen Müll"[28] aus der Feder Harichs wie auch Hermann Kants Wort von Harichs „Polpotterien"[29] zielten wohl weniger auf den hartgesottenen Nietzschefresser als auf dessen Gesinnungsbrüder. Hermlin: „Wo eine solche Stimme sich erhebt, warten andere auf ihren Einsatz. Es ist die Stunde der gebrannten Kinder."[30] Die 82jährige Hedda Zinner beschwerte sich, daß „Kunst mit falsch verstandener Sachkompetenz verhindert" werde.[31] Helga Königsdorf fordert, „es muß unbequeme Literatur unter die Leute".[32]

Vermeldet sei an dieser Stelle, was Erich Honecker, oberster Partei- und Staatslenker, der sich auf der Tagung in Schweigen hüllte, ein Vierteljahr später über den bewegten X. Verbandstag der Schriftsteller seines Landes zu sagen

---

[23] Ebd., S. 89.
[24] Anmerkung 7, S. 3.
[25] Ebd.
[26] 5/1987, S. 1018/1052.
[27] NDL 3/1988, S. 38.
[28] Ebd.
[29] Anmerkung 7, S. 4.
[30] NDL 3/1988, S. 40.
[31] Ebd., S. 31.
[32] Ebd., S. 59.

wußte. Am 12. Februar 1988 redete er vor den 1. Kreissekretären seiner Partei lang und breit. Allein der veröffentlichte Teil seiner Ausführungen umfaßt nicht weniger als neun Seiten des „Neuen Deutschland", und zwar unter der Überschrift: „Mit dem Volk und für das Volk realisieren wir die Generallinie unserer Partei zum Wohle der Menschen". Die Schriftstellerversammlung bedachte Honecker mit einem dürren Satz: „Auf dem X. Schriftstellerkongreß konnten die Meister des Wortes die gesellschaftliche Verantwortung und Wirkung der Literatur überzeugend zur Sprache bringen."[33]

Perspektivreich klingt das, fürwahr, nicht. Aber die Wünsche von Parteiführern und die wirkliche Bewegung der Literatur wachsen gewißlich nicht auf einem Holze.

Erinnert werden muß, daß in der Nacht zum 25. November 1987, also in den Tagen des Schriftstellerkongresses, die Herren in den unauffälligen Ledermänteln die Umweltbibliothek der Ostberliner Zionsgemeinde schließen. War das ein Wink auch in Richtung Kongreßpalast?

Am 17. Januar 1988 werden auf der Kundgebung zum Gedenken an Karl Liebknecht und Rosa Luxemburg etwa 100 Teilnehmer, unter ihnen Liedermacher und Sänger Stephan Krawczyk, festgenommen, weil sie sich mit eigenen Plakaten daran beteiligten oder beteiligen wollten. Der Satz Rosa Luxemburgs von der „Freiheit der Andersdenkenden"[34] auf einem Spruchband wird im SED-Zentralorgan als „Gotteslästerung" eingestuft, und das ausgerechnet von Heinz Kamnitzer, dem Präsidenten des PEN-Zentrums der DDR.[35] Am 25. Januar werden weitere Bürgerrechtler verhaftet, unter ihnen die Regisseurin Freya Klier, Krawczyks Ehefrau. Gegen Stephan Krawczyk wird am gleichen Tag „wegen landesverräterischer Beziehungen" ein Ermittlungsverfahren eingeleitet.[36] Beide werden acht Tage später für ihre öffentliche Berufung auf Rosa Luxemburg mit Ausbürgerung aus der DDR bestraft. Der Leitartikel des „Neuen Deutschland" vom 17. Februar 1988 behauptet zwar, daß „imperialistische Geheimdienste und andere mit ihnen im Bunde stehende antisozialistische Zentren" (das erinnert nicht nur sprachlich an die erfundenen Verschwörungen der „Weisen von Zion") die Demonstranten am 17. Januar gesteuert hätten. Auf einen Beweis für die nachrichtendienstliche Lenkung der Beschuldigten läßt sich „Neues Deutschland" freilich nicht ein.

Die Honecker und Hager ängstigen sich sicher nicht vor Stephan Krawczyk oder betenden Umweltschützern. Was sie wirklich fürchten, sind Prager-Frühlings-Keime oder Erreger der polnischen Krankheit — kurzum das Volk. Sogar wenn die Aufpasser in Blättern wie „Die Kirche", „Glaube und Heimat", „Pots-

---

[33] ND, 13./14. Februar 1988, S. 9.
[34] Vgl. Rosa Luxemburg: Gesammelte Werke. Berlin-Ost 1974, Bd. 4, S. 359.
[35] Vgl. Heinz Kamnitzer: Die Toten mahnen. ND, 28. Januar 1988, S. 2.
[36] Vgl. ND, 26. Januar 1988, S. 2.

damer Kirche" und „Mecklenburgische Kirchenzeitung" Berichte über Fragen ausreisewilliger DDR-Bürger oder über Fragen der Zensur der eben genannten Zeitungen finden, Probleme, die auf der Synodaltagung der Evangelischen Kirche von Berlin-Brandenburg im April 1988 erörtert wurden, dann wird von Staats wegen die Auslieferung dieser Ausgaben verhindert. Gleichzeitig wurde bundesdeutschen Journalisten untersagt, über den V. Verbandstag der Film- und Fernsehschaffenden (19.–21. April 1988) sowie über eine Lesung von Günter Grass in Magdeburg zu berichten.

Und damit sind wir wieder beim Schriftstellerkongreß. Gewiß war er nicht Ausdruck grundsätzlichen kulturpolitischen Wandels in der Haltung der Partei- und Staatsführung. Aber eben ihr wird es zunehmend schwieriger, Schriftsteller – wie jahrzehntelang, im wesentlichen unverändert – zu gängeln. Das geht vor allem deshalb nicht mehr in altherkömmlicher Weise, weil den Betroffenen der Mut gewachsen ist, wächst und weiter wachsen wird. Sie wehren sich zunehmend gegen staatlich-ideologische Bevormundung.

Nicht zuletzt Michail Gorbatschows Aufforderung umzudenken, „die einen Bruch mit den Traditionen, der Denkweise und den Verhaltensmustern bedeutet"[37], hat trotz (oder gerade wegen?) des Abwiegelns durch die Altherrenriege in der SED-Führung mit ihren verstaubten grauen Tapetenrollen unter Arm, spürbare Unsicherheit bei den Inhabern der Macht, aber freiheitliche Schübe bei den Beherrschten, in erster Linie bei Künstlern und Wissenschaftlern, ausgelöst. Zudem sind die Nachwachsenden, für sie mag Christoph Hein stehen, aus dem Schatten Hitlers und Stalins herausgetreten. Ihnen komme „große Gesänge" auf verblichene und gegenwärtige Götzen[38] nicht mehr in die Feder. Ihnen geht es darum, Weggeschobenes, unter den Teppich Gekehrtes und Zurückgedrängtes aufzuarbeiten; es geht um eine weltoffene, kritikfreudige, lernfähige, anziehende gesellschaftliche Ordnung.

Abschließend ein knapper Blick auf die Leipziger Buchmesse 1988. Sie wurde im Alten Rathaus von Gerald Götting, stellvertretender Staatsratsvorsitzender und Vorsitzender der CDU, eröffnet. Ihm (oder seinem Redenschreiber) fiel über die DDR-Literatur der hintersinnige Satz ein: „Ihre besten Bücher werden von Autoren geschrieben, die fest in unserer gesellschaftlichen Wirklichkeit stehen."[39]

Sowohl „Neues Deutschland" als auch die „Neue Zeit", das Zentralorgan der DDR-CDU, veröffentlichten am 14. März auf der Titelseite die „Botschaft Ronald Reagans" an die Leipziger Frühjahrsmesse. Wobei nicht unerwähnt blei-

---

[37] ND, 4. Oktober 1985, S. 2.
[38] Vgl. Gerd Koenen: Die großen Gesänge. Frankfurt am Main 1987.
[39] G. Götting: Die Literatur kann und soll der Vernunft den Weg bereiten und Frieden stiften. Neue Zeit. Berlin-Ost, 14. März 1988, S. 3.

ben soll, daß das Blatt der Christdemokraten in der DDR den Präsidententext zensiert: „Neues Deutschland" bringt Reagans Schlußsatz „Gott schütze Sie", „Neue Zeit" streicht diesen Segenswunsch.

Der 1976 aus der SED ausgeschlossene Gerhard Wolf, der Mann von Christa Wolf, soll bei „Aufbau" viermal im Jahr neue Namen vorstellen. Das Angebot für junge Autoren heißt „Außer der Reihe". Ein ähnliches Vorhaben plant der Mitteldeutsche Verlag mit der „Kleinen Edition – Kontakte"; drei Hefte jährlich sind vorgesehen. Gedichte Günter Kunerts aus den 80er Jahren kündigt „Aufbau" unter dem Titel „Die befleckte Empfängnis" an.

Zehn Jahre nach der Ausgabe bei Suhrkamp erscheint die Buchausgabe von Volker Brauns „Unvollendeter Geschichte" in Halle. Stefan Heyms Roman „Ahasver" kommt im Buchverlag „Der Morgen" heraus.

Der Verlag „Volk und Welt" bringt drei Essay-Bände von Sigmund Freud, drei Bände ausgewählter Werke von Arno Schmidt und erotische Erzählungen („Künstler und Modelle") von Anais Nin.

Thomas Braschs Stück „Mercedes" wird, obgleich sein Verfasser seit 1976 im Westen lebt, am Mecklenburgischen Staatstheater in Schwerin aufgeführt. 1988 kommt Brasch auch in der Zeitschrift „Sinn und Form" wieder zu Wort.[40]

Der Romanerstling von Fritz Rudolf Fries „Der Weg nach Oobliadooh" kommt nach über 20 Jahren (Suhrkamp 1966) in der DDR heraus. Die Akademie der Künste der DDR stellt Werke von Joseph Beuys aus.[41]

Insgesamt mag das zwar bescheiden wirken, ist aber doch ein Schritt vorwärts.

Doch die DDR-Führung tut sich schwer mit ihren Schriftstellern; z.B. mit Monika Maron, Jahrgang 1941, Adoptivtochter des ehemaligen Innenministers der DDR Karl Maron (1903–1975); ihr Roman „Flugasche", der Umweltschäden im Bitterfelder Industriegebiet aufs Korn nimmt, konnte 1981 nur in Frankfurt am Main erscheinen. Das Ministerium für Kultur versicherte der Autorin, ihr Buch solle Ende 1987 auch in der DDR herauskommen; aber diese Zusage wurde nicht eingehalten. Warum nicht?

In ihrem Briefwechsel mit dem Münchener Journalisten Joseph von Westphalen hatte Frau Maron am 19. Februar 1988 im Hamburger „Zeitmagazin" öffentlich über den Kreuzzug der DDR-Staatsmacht gegen aufmüpfige Jugendliche wie folgt nachgedacht: „Ich sitze fassungslos inmitten der Ereignisse und frage mich die sinnloseste aller Fragen: Was denken die sich dabei? Ein Teil der Jugend will auswandern, ein anderer wird rausgeschmissen. Da muß sich die Re-

---

[40] Vgl. Sinn und Form. Berlin-Ost 3/1988, S. 619/642.
[41] Vgl. ebd., S. 643/652.

gierung, wie Brecht ihr vor 35 Jahren schon anriet, eines Tages wohl tatsächlich ein neues Volk wählen."

Die Autorin beantragte bei Armeegeneral Friedrich Dickel, dem Nachfolger ihres Vaters, ein Drei-Jahres-Visum. Seit dem 3. Juni 1988 lebt sie mit ihrer Familie in Hamburg.

Auch die umstrittenen Werke der Sowjetliteratur gibt es kaum im Buchhandel der DDR. Um die Gelüste Neugieriger aufzufangen, ist z.B. in Leipzig Ende Oktober 1987 im Kulturbund der Arbeitskreis für russische Literatur „Alexander Puschkin" gegründet worden. Dort sollen „regelmäßig Veranstaltungen zu aktuellen Fragen der Rezeption russischer Literatur durchgeführt" werden. Was nun ist für die Veranstalter „aktuell"? „Für die Jahre 1988/89 sind Kolloquien zu folgenden Themen vorgesehen: Puschkins Erbe in der DDR; Das dichterische Werk Anna Achmatowas; Nikolai Tschernyschewski und die deutsche Arbeiterbewegung; Aufhebung klassischer russischer Literatur in der zeitgenössischen Sowjetliteratur.[42] Kennzeichnend ist, daß Beckmesserisches aus der Sowjetpresse z.B. über Michail Schatrows Stücke im „Neuen Deutschland" nachgedruckt wird.[43] Zu dem antistalinistischen Film des Georgiers Tengis Abuladse, „Die Reue", wurde im „Neuen Deutschland" erklärt: „Nicht dem Wesen des realen Sozialismus entsprangen die seinerzeitigen tragischen Entwicklungen."[44] Auf dem Schriftstellerkongreß wurde vielfach Widerspruch laut. Hermann Kant: „Meine Sicht der furchtbaren Dinge ist es nicht."[45] Volker Braun sagte es noch deutlicher: „Elend ist es, das Bereute zynisch zu verharmlosen, um einen andern Glauben zu retten."[46]

Die aufrichtige künstlerische Erschließung der Sowjetgeschichte mißfällt SED-Ideologen. Der Postzeitungsvertrieb der DDR lieferte deshalb die Hefte 1–3/1988 der Moskauer Wochenzeitschrift „Neue Zeit", die Schatrows Schauspiel „Weiter, weiter, weiter" abgedruckt hatte, nicht aus und erstattete den Abonnenten Ausfallgebühren.

Nicht zu reden davon, daß es diese Literatur auch in öffentlichen Büchereien nicht gibt. Die wissenschaftlichen Bibliotheken der DDR zeichnen sich noch immer, es mutet unfaßbar an, dadurch aus, daß es in ihnen geschlossene Bestände gibt. Sie sind nur mit Sondergenehmigung zugänglich. Das trifft übrigens auch auf die Bibliothek des Instituts für Marxismus-Leninismus beim ZK der SED zu.

---

[42] Gerhard Dudek: Arbeitskreis russische Literatur. Sonntag, a.a.O., 3. Januar/1/1988, S. 8.

[43] Vgl. L. Kunezkaja: Gibt es das Recht auf eine Version? ND, 3. Februar 1988, S. 3; Gerassimenko/O. Obitschkin/B. Popow: „Allein die Wahrheit kennt keinen Richter." ND, 17. Februar 1988, S. 4.

[44] Harald Wessel: Wie die Geschichte befragen? ND, 31. Oktober 1987, S. 9.

[45] Anmerkung 7, S. 5.

[46] NDL 3/1988, S. 44.

Die DDR-Kulturpolitik der 90er Jahre, ein Feld der Widersprüche, werden Honeckers und Hagers Nachfolger bestimmen. Keinen Zweifel dürfte es darüber geben: Auch für sie steht, wie Otto Reinhold, Rektor der Akademie für Gesellschaftswissenschaften, es unmißverständlich aussprach, „an erster Stelle natürlich die Machtfrage".[47]

Aufschlußreich ist freilich, daß sich in der DDR Stimmen mehren, in denen die Kulturpolitik vergangener Jahrzehnte aufrichtiger durchleuchtet wird. Da blickt zum Beispiel Günther Deicke, Jahrgang 1922, Mitglied der Akademie der Künste in der DDR, seit Gründung der „Neuen Deutschen Literatur" 1952, der Zeitschrift des Schriftstellerverbandes der DDR, viele Jahre einer ihrer Redakteure, zurück und bekannt: „Rückschläge und schmerzliche Verluste und nicht unwesentliche Hindernisse kamen von uns selber aus dem Bereich von Dogmatismus, Schematismus, kunstfremder Gängelei staatlicher Behörden, die in jeder Gesellschaftskritik Konterrevolution vermuteten."[48]

Johannes R. Becher, der Dichter der DDR-Nationalhymne, schrieb 1956: „Es gilt nur noch die Sprache zu finden, um all das Ungeheuerliche beredt zu machen und wiedergutzumachen, was ich durch Schweigen mitverschuldet habe ... Ich ahnte nicht nur, oh, ich wußte! Ich habe mir dieses Entsetzliche allerdings erklärt, und zwar damit, daß der Sozialismus in einem rückständigen Lande zur Macht gekommen war und daß die Methoden, deren er sich zu seiner Machterhaltung bediente, ebenfalls in gezählten Fällen rückständige, wenn nicht barbarische waren."[49] Diese Sätze wurden 1957 aus seinem Buch „Das poetische Prinzip" entfernt. Erst 1988, also 31 Jahre später, veröffentlichte sie die Zeitschrift „Sinn und Form".

Ohne sich aufs Kaffeesatzdeuten zu verlegen, kann doch heute gesagt werden, daß — auch bei möglichen Rückschlägen — kulturelle Freiräume in der DDR sich erweitern könnten, vermöchte die gegenwärtige Führung der Kommunistischen Partei der Sowjetunion ihre wortmächtigen Bekundungen politisch umzusetzen. Das müßte das deutlich gewachsene Selbstbewußtsein aller Kulturschaffenden in der DDR beflügeln. Uneingeschränkt zustimmen kann man dem Leitartikler des „Neuen Deutschland" in der Wochenendausgabe vom 19./20. März 1988, wenn er hintergründig darauf verweist, „daß Lesehunger und Wissensdurst Triebkräfte sind, sich selbst und die Welt zu verändern".

---

[47] O. Reinhold: Der Streit der Ideologien und die gemeinsame Sicherheit. Einheit. Berlin-Ost 9/1987, S. 778.
[48] G. Deicke: Über meine Jahre als NDL-Redakteur. Sinn und Form, a.a.O., 2/1988, S. 341.
[49] J.R. Becher: Selbstzensur. Sinn und Form, a.a.O., 3/1988, S. 543/544.

(Vorabdruck in „Politische Studien", München, Dezember 1988, Heft 302, S. 694—706)

Eduard Gloeckner

HONECKERS DDR –
EIN „VORPOSTEN DES SOZIALISMUS"
ZWISCHEN GORBATSCHOWS REFORMPOLITIK UND
DER EINIGUNGSPOLITIK WESTEUROPAS

Ein Sozialismus „in den Farben der DDR", ein „deutscher Weg zum Sozialismus", – das waren die offensichtlich verschleiernden und reformfeindlichen Formeln der DDR-Machtelite unter Honecker. Sie schienen eine Reaktion auf die anschwellende Reformdiskussion in der Sowjetunion, aber auch auf die in Ungarn und im Nachbarland Polen zu sein. SED-Ideologen verwiesen lange Zeit auf die systempolitisch-strategisch exponierte Lage der DDR. Der westlichste Vorposten des Sozialismus benötige Ruhe und Stabilität. Das Regime warnte über die partei-offizielle Presse vor einem „Marsch in die Anarchie", – eine Warnung, die in Rußland bis vor einigen Jahren immer wieder der Disziplinierung des obrigkeitshörigen Volkes gedient hatte. Würde diese Warnung auch in Deutschland, in Mitteldeutschland, fruchten? – Aber dieser Aspekt scheint wohl nur die eine Seite der Problematik zu sein. Die DDR ist ein politisches, ein militärstrategisches Produkt der Stalin'schen Nachkriegsordnung. Wenn im Rahmen der sowjetischen Reformpolitik und der demokratischen Öffnungstendenzen in Polen und Ungarn gemäß der Glasnost-Maxime der Stalinismus mehr und mehr zum Gegenstand wissenschaftlicher und öffentlicher Kritik wird, könnte die SED-Herrschaft bereits unter diesem Aspekt einer historisch bedingten Modellübertragung auf absehbare Zeit infrage gestellt werden. Das Lebenswerk der seit 1946 in der SED organisierten deutschen Kommunisten, welche unter dem „Banner" des Marxismus-Leninismus gleichzeitig Stalinisten in der Gesinnung und in der Methode waren, besteht aus einer bis Herbst 1989 mühsam zusammengehaltenen Zwangsvereinigung, dem aus der SBZ hervorgegangenen SED-Staat DDR.

Ihn regierten bis Oktober 1989 jene Gerontokraten, welche sich bereits als treue Gefährten Walter Ulbrichts hervortaten, bis dieser auf Druck Moskaus gehen mußte. Jene „strategische Clique" stalinistischer Politbürokraten setzte sich am Ende der Honecker-Herrschaft vor allem aus folgenden Politbüro-Mitgliedern zusammen: Honecker, Axen, Hager, Herrmann, Kessler, Mielke, Mükkenberger, Neumann, Sindermann, Stoph, Tisch, – vom langjährigen Kronprinzen Honeckers, Egon Krenz, hier altersspezifisch einmal abgesehen. Der SED-Staat, mit welchem die DDR bislang identifiziert werden mußte, sollte mittels

Staatssicherheit, rechthaberischer Ideologie und Herrschaftspose, preußischer Disziplin und deutschen Fleißes in das 21. Jahrhundert hinübergerettet werden, – als eine Art Meisterwerk und Museumsinsel des „real existierenden Sozialismus" zwischen reformpolitischer Erosion des Ostblocks und dem durch erfolgreiche Integration erstarkenden Westeuropa, in welchem der freie Teil Deutschlands ein gewichtiges Wort mitzusprechen hat. Jenes Ansinnen der Honeckerführung, noch im 40. Jahr der DDR-Staatlichkeit wiederholt geäußert, wonach der „eiserne Vorhang", also Mauer und Stacheldraht mitten durch Deutschland und Berlin, noch hundert Jahre bestehen bleiben würde, führte der Welt den Anachronismus des SED-Staates vollends vor Augen. Als dann Wochen vor dem Staatsjubiläum die Öffnung der Westgrenzen Ungarns zur Massenflucht von DDR-Bürgern geführt hatte, wurde zwar ein Ventil geöffnet; jedoch nahm der Druck auf das Regime durch zunehmende Flucht meist jüngerer Ausreisewilliger aus der DDR in die bundesdeutschen Vertretungen und Botschaften in Ost-Berlin, Prag, Warschau (zuvor Budapest) noch zu. Schließlich wurde aus der Fluchtbewegung eine innerstaatliche Massenprotestbewegung. Die SED-Führung geriet in Zugzwang.

Im Ergebnis großer Massendemonstrationen, welche nun nicht mehr von Polizei, „Staatssicherheit" oder gar Volksarmee oder Betriebskampfgruppen der SED unterdrückt werden konnten, bildete die SED-Führung unter dem seit dem 18. Oktober 1989 amtierenden Generalsekretär Krenz Staats- und Parteispitze um und öffnete schließlich den DDR-Bürgern alle Staatsgrenzen einschließlich der Sektorengrenze nach Berlin-West. Wohin der politische Öffnungs- und Reformprozeß letztlich führen kann und wird, vermag der Verfasser dieser Studie, die aus einem Vortrag Ende 1988 hervorgegangen ist, nicht vorauszusagen. Vor dem Hintergrund dieser neuen Entwicklung der DDR ist freilich die Abhandlung des obigen Themas eher von historischem Interesse. Generell wird in einer Zeit eines rapiden Wandels in Ost- und Mitteleuropa das Verfassen politischer Bücher immer schwieriger, da aktuelle Analysen der Politik mit den sich oft überstürzenden Ereignissen nicht Schritt zu halten vermögen. Der wissenschaftliche Nutzen einer zeitgeschichtlich begrenzten politikwissenschaftlichen Analyse wird dabei sicher gewahrt werden können. Politische Prognosen fallen jedoch in einer Zeit des Umbruchs in den Gesellschaften des „real existierenden" Sozialismus in der Krise immer schwerer. Sie sollten mit größerer Sorgfalt – unter Nennung der verschiedenen unbekannten Variablen – aufgestellt werden. Hieraus könnte eine neue Methodologie für die System- und Deutschland-Forschung resultieren, – die unterschiedlichen und nun wohl auch möglich werdenden Entwicklungsvarianten aufzeigend. Die Block-, Außen- und Deutschlandpolitik der DDR wird wahrscheinlich – im Vergleich zu „Honeckers DDR" – auf kurz oder lang ebenfalls einem erheblichen Wandel unterliegen. Die DDR muß sich nach innen im Sinne einer Demokratisierung und Pluralität öffnen, will sie nach außen weltoffen und kooperations- oder gar integrationsfähig werden. Dabei kann sie aus den Reaktionsweisen der Honecker-Führung im Spannungsfeld von osteuropäischer Reform- und westeuropäischer Einigungs- und Integrationspolitik nur lernen, – mit dem Ziel einer weltweiten Öffnung.

Was waren – und was sind teils noch heute – die Existenzbedingungen der DDR im 40. Jahr ihres Bestehens als eines Teilstaates in Deutschland?

1. Trotz aller bisherigen Differenzen in der Frage der Reformpolitik der KPdSU und der verbleibenden Unterschiede zur System-öffnenden Politik der nationalen Führungseliten in Polen, Ungarn und im Baltikum ist und bleibt die DDR ein integraler Bestandteil des in Bewegung geratenen Sowjetblocks, – vertraglich wie auch machtpolitisch fest verankert in der „sozialistischen Gemeinschaft", sofern diese je eine wirkliche Gemeinschaft unter dem Hegemon UdSSR gewesen ist oder werden kann.

2. Ungeachtet dieser vertragspolitischen Ebene – und die mit der UdSSR bilateral geschlossenen Freundschafts- und Beistandspakte bilden dabei einen konstitutiven Faktor – ist die DDR in militärpolitischer Hinsicht auch weiterhin auf umfassende Art dem politisch-strategischen Willen Moskaus untergeordnet; sie kann sich der Vormacht, dem Hegemon Sowjetunion zumindest nicht auf Dauer entziehen, solange sie als Separatstaat existiert im Sinne einer von außen aufgezwungenen Fortexistenz. Die Präsenz der Sowjetarmee in Mitteldeutschland unterstreicht diese Position, – in Verbindung mit den Vorbehaltsrechten der UdSSR in bezug auf Berlin und Deutschland als Ganzes.[1]

3. Durch eine vorwiegend von der Bundesrepublik Deutschland gestützte Wirtschaftskraft (Devisentransfer, EG-Handelserleichterungen, Kreditswing) und eine in preußischer Disziplin erzogene Facharbeiterschaft hat die DDR eine führende Position im RGW, der osteuropäischen Wirtschaftsorganisation, erringen können. Trotz ihrer Rohstoffabhängigkeit von der UdSSR ist die DDR in ihrer Wirtschaftsentwicklung in einer relativ besseren Position als Polen oder die krisengeschüttelte Sowjetunion. Krisensymptome sind freilich auch in der DDR-Wirtschaft seit Jahren vorhanden, – wohl schon seit ihrem Bestehen. In handels- und energiepolitischer Hinsicht ist die DDR auf die Planvorgaben im RGW festgelegt: Fast zwei Drittel des DDR-Außenhandels werden mit dem

---

[1] Die 400 000 Sowjetarmisten der GSSD im Gebiet der DDR sind ein machtpolitisches Faktum, und die Ankündigung Gorbatschows vor der UNO, bis 1991 etwa 50 000 Mann und 5 000 Panzer aus der DDR, der CSSR und aus Ungarn abzuziehen, ist offenbar lediglich ein politisches Signal, um die westliche Debatte über die Modernisierung eines Teils der atomaren Kurzstreckenraketen zu beeinflussen, – nach der populistischen Logik: „Der Abbau der vom Westen reklamierten konventionellen Asymmetrien findet bereits freiwillig statt; eine nukleare Modernisierung zum Ausgleich ist daher nicht nötig." Ein anderer Aspekt seines Vorstoßes ist jedoch gewachsen: die Ökonomisierung der Politik und die spürbare Rücknahme des militärpolitischen Bestimmungsfaktors der Politik Moskaus. Ein weiterer Rückzug der Sowjetarmee aus Ost-Mittel-Europa wäre insofern logisch, falls sich die politischen Gewichte in Moskau weiter zugunsten der Reformer verschieben. Die „Westgruppe der Sowjetarmee" in der DDR (vormals „GSSD") könnte somit um das Jahr 2000 oder früher bereits auf einen symbolischen Rest reduziert werden (erfolgreiche Wiener Verhandlungen vorausgesetzt).

RGW abgewickelt, — der größte Teil (insgesamt 39% in 1988) mit der UdSSR. Nur knapp 30% des DDR-Handels wird mit westlichen Industriestaaten vollzogen, — ein Fünftel davon (also insgesamt 6%) mit dem innerdeutschen Handelspartner Bundesrepublik: Die Devisentransferleistungen sind hier nicht einbezogen, da sie politische Funktionen erfüllen.[2]

4. Eine größere politisch-operative Stärke und Flexibilität der DDR war insbesondere dann gegeben und wurde von der UdSSR entsprechend toleriert, wenn die SED-Führung ihre Außenbeziehungen im Sinne einer block-koordinierten Außen- und Sicherheitspolitik schwerpunktmäßig und arbeitsteilig mit der Führung in Moskau abstimmte: Die von Moskau koordinierte Außenpolitik der Warschauer Pakt-Staaten gründete letztlich auf der beschränkten Souveränität kommunistisch regierter Staaten („Breschnew-Doktrin). Diese „Abstimmung" hat die DDR unter Honecker auch in zahlreichen Fällen ihrer Dritte-Welt-Politik im Sinne eines „Stellvertreters" der Sowjetunion — ähnlich Kuba — praktiziert,[3] wobei der SED-Staat seine wirtschaftlichen und politischen Sonderbeziehungen mit der Bundesrepublik im Dienst und zum Nutzen der UdSSR entwickeln konnte.

Es ist anzunehmen, daß sich die gegenwärtige sowjetische Staats- und Parteiführung unter Gorbatschow primär und mit hoher Priorität mit der Stabilisierung des eigenen „gemeinsamen sowjetischen Hauses" beschäftigen muß. Dennoch rangiert die „sozialistische Gemeinschaft" mit ihren Stabilitätsdefiziten an strategisch oberster Stelle des Prioritätenkatalogs der UdSSR. Die SED-regierte DDR nimmt dabei eine zentrale Rolle ein. „Die DDR ist nämlich der Bündnispartner, der im Hinblick auf die besonderen Erfordernisse der Existenzsicherung auf absehbare Zeit ein starkes Interesse an Rückhalt im eigenen Bündnis und damit an Bündniszusammenhalt besitzt und zugleich heute schon auf spezifische Weise ... mit einer Öffnung nach Westen fertig werden muß ..." Der am Gesamtdeutschen Institut in Bonn forschende Johannes Kuppe folgert daraus: „Die nicht in Frage stehende Bündnistreue der SED und ihr selbstbewußtes westpolitisches Agieren ... stellen für Moskau ein Pfund dar, mit dem gewuchert werden kann." Er fährt fort: „Die innere Verfaßtheit der DDR, die Einstellung der SED zu Reformen ... spielen ... solange eine nur untergeordnete Rolle, wie daraus nicht wirklich prekäre Instabilitäten erwachsen."[4]

---

[2] „DIW Wochenbericht" 9—10/89 vom 9. März 1989, S. 104; vgl. hierzu die Angaben in: DDR Handbuch (3. Aufl.), Köln 1985 (2 Bde.).
[3] Siehe hierzu Eduard Gloeckner: „Die DDR — Stellvertreter und Helfer der Sowjetunion in der Dritten Welt", in: „deutsche studien", Heft 93, März 1986, S. 3—23.
[4] Johannes L. Kuppe: „Auswirkungen des Gorbatschow-Kurses auf die politischen Beziehungen DDR—UdSSR", in: Veränderungen in Gesellschaft und politischem System der DDR. Ursachen, Inhalte, Grenzen. — Einundzwanzigste Tagung zum Stand der DDR-Forschung in der Bundesrepublik Deutschland — 24. bis 27. Mai 1988 —. „Deutschland Archiv" Köln 1988, S. 43.

An diesem Punkt wird deutlich, daß sowohl eine stalinistisch-unbewegliche als auch eine durch reformpolitischen Umbruch destabilisierte DDR dem Hegemon UdSSR zum Problemfall werden kann.

I. Honeckers Beharren auf alten Positionen – die UdSSR auf der Suche nach neuen Ansätzen der Innen- und Außenpolitik

Bei der Einschätzung der außenpolitischen Perspektiven und realen Manövrierspielräume der DDR im Magnetfeld der Reformpolitik in der UdSSR und in Osteuropa stellt sich aus der systempolitischen oder auch machtstrukturellen Sicht die Frage nach einem möglichen Konfliktpotential, welches der von Honecker geführten SED durch ihr Beharren auf stalinistischen Positionen und Herrschaftsmethoden innen- wie block- und außenpolitisch erwachsen könnte. Inwiefern zeigte oder zeigt sich ein politischer Dissens zwischen SED und KPdSU, zwischen der DDR und der UdSSR? Wo existieren Differenzen in der außen- und militärpolitischen Strategie und Taktik? In welchen Punkten finden sich Gemeinsamkeiten? Sucht man eine realistisch begründete, also keine spekulative oder prognostische Antwort, sollte man die militärstrategischen, außen- und wirtschaftspolitischen Interessen und Zielsetzungen der Führer und Führungseliten von KPdSU und SED und deren nachweisbare Prämissen und Logik der Umsetzung in konkrete Politik kennen und analysieren. Man sollte eine vermutliche Interessenparallelität, wenn schon keine Interessenidentität voraussetzen. Das betrifft die praktische, die operative Seite der DDR-Außenpolitik. In den grundsätzlichen Fragen der Strategie, der Welt-, Europa- und Deutschlandpolitik kann man bei der Bewertung des Beziehungsmusters UdSSR–DDR von einer Interessen- und Zielidentität – zumindest im bislang gültigen Selbstverständnis der Ideologie und Bündnispolitik – ausgehen.[5]

---

[5] Diese gemeinsame Bündnispolitik der „sozialistischen Gemeinschaft" des Warschauer Paktes drückt sich in einer vertraglichen Fixierung einer „koordinierten Außenpolitik" gegenüber der „nichtsozialistischen" Staatenwelt aus. Zu Beginn der Ära Gorbatschow, kurz nach der Verlängerung des Warschauer Paktes April 1985, kristallisierte sich eine Uneinigkeit zwischen DDR und UdSSR heraus. Die DDR sprach – wie Außenminister Oskar Fischer – von einer „abgestimmten Außenpolitik", die UdSSR hob die Einheit dieser „koordinierten Außenpolitik" hervor. Der Sowjet-Botschafter in Ost-Berlin, Kotschemassow, unterstrich Anfang Oktober 1985, „daß in der gegenwärtigen komplizierten internationalen Lage die Bedeutung der Einheit und Abstimmung der außenpolitischen Linie der sozialistischen Länder" zunehme (vgl. „ND" vom 2. Oktober 1985; 5./6. Oktober 1985; 8. Oktober 1985; vgl. „Prawda" vom 7. Oktober 1985). Die sowjetische Formel von der „Festigung der Einheit und Geschlossenheit" des sowjetischen Hegemonialverbandes wurden zuvor schon von Rachmanin, einem stellvertretenden ZK-Abteilungsleiter, in der „Prawda" vom 21. Juni 1985 benutzt und fand dann in der Neufassung des KPdSU-Programms auf dem 27. Parteitag ihren Niederschlag (vgl. Boris Meissner, in: „Politik und Kultur", Heft 1/1988, S. 35). Diese einheitliche Politik sollte der Block a) in rüstungskontrollpolitischer, b) in handels- und technologiepolitischer Hinsicht als auch c) im Sinne „interparteilicher" Kooperation durchführen. Mittlerweile wird die Gleichberechtigung der sozialistischen

Das ideologisch geprägte Fernziel und die adäquate langfristige Strategie beider Parteien und Staaten bestehen in einer künftigen weltweiten Dominanz des — wie auch immer geprägten — sozialistischen Staats- und Gesellschaftssystems. Dieses Ziel von KPdSU und SED schlägt sich nicht nur in ihren Parteiprogrammen nieder, sondern auch in den jeweiligen Staatsverfassungen der UdSSR und DDR. Zwischenziele, Etappen, Entwicklungsphasen oder -stufen auf diesem „historisch" vorgegebenen Weg drücken — entsprechend der Korrelation der Kräfte zwischen östlich-„sozialistischem Lager" und der westlich geprägten „Herrschaft des Kapitals", des „Imperialismus" — den jeweiligen Stand dieser systemspezifischen Auseinandersetzung aus. Bei Fortdauer eines — behaupteten oder angenommenen — ungefähren militärstrategischen Gleichgewichts zwischen Ost und West werden Kompromiß- oder Zwischenlösungen wie die Konzeption der „friedlichen Koexistenz von Staaten mit unterschiedlicher Gesellschaftsordnung", mit jeweiligen Handlungsspielräumen formuliert und gesucht. Dieser Begriff wurde durch Breshnews Täuschungsmanöver einer Doppel- oder Parallelstrategie erheblich belastet und negativ belegt. Bekanntlich versuchte der 1982 verstorbene Staats- und Parteichef, den Westen und die NATO durch allgemeine Überrüstung, vor allem im Mittelstreckenbereich, und durch militärische Expansion in der Dritten Welt zu übervorteilen, während er gleichzeitig die Entspannungs- und Kooperationspolitik im Rahmen des KSZE-Prozesses vorantrieb, und zwar zur Sicherung seines ost- und mitteleuropäischen Vorfeldes im Sinne des hegemonialen Status quo. Auf der Suche nach einem glaubwürdigen Konzept der Außenpolitik ging der neue Sowjetführer Gorbatschow — nach Überwindung der Handlungsunfähigkeit des Sowjetstaates in der Spätphase Breshnews und in der Phase des Interregnums unter Andropow und Tschernenko — zur politischen Strategie des „neuen Denkens" über, — mit einer entsprechenden Rhetorik, Imagepflege und Propagierung seiner friedliebenden Zielsetzungen zur Gesundung der internationalen Beziehungen. Damit konnte der dynamisch agierende Parteichef zunächst die fast allseitige Isolierung der UdSSR überwinden und der sowjetischen Interessenpolitik eine neue Ausstrahlung und Glaubwürdigkeit verleihen.

Der Doppelcharakter der sowjetischen Außen- und Sicherheitspolitik bleibt wohl auf absehbare Zeit als ein internationales Faktum fortbestehen, was angesichts ihrer hochgerüsteten Militärmacht auch nach dem verifizierten INF-Ab-

---

Staaten und die Nichtexistenz eines „Monopols auf Wahrheit" hervorgehoben, jedoch den Bündnispartnern keine Souveränität der Staaten, sondern nur der herrschenden Kommunistischen Parteien (!) zugestanden, was nach Verabschiedung der Schlußakte von Wien Mitte Januar 1989 hinfällig sein sollte. Im Wiener Abschlußdokument wird ausdrücklich das „Selbstbestimmungsrecht der Völker" „ohne äußere Einmischung" eingeräumt. Das wird offenbar durch ein weitergehendes, das heißt völkerrechts- und vertragswidriges „sozialistisches Völkerrecht" aufgehoben und durch eine „Parteisouveränität" ersetzt (vgl. Eduard Gloeckner: „Hängt die deutsche Einheit von Moskau ab?", in: „Politische Studien", Heft 300, Juli/August 1988, S. 408. Zum Wiener Abschluß-Dokument von Mitte Januar 1989 siehe: Europa Archiv, Folge 5, 10.3.1989, S.D 135).

kommen über die Reduzierung von Mittelstreckenraketen objektiv bedrohlich wirken muß. Dieses Drohpotential und die noch längst nicht erreichte Glaubwürdigkeit der UdSSR sind Faktoren, welche durch Gipfeltreffen und durch Willensbekundungen des Kremlchefs vor den Vereinten Nationen, dem Europarat oder während seines Deutschlandbesuches Mitte 1989 (gemeinsame Erklärung) relativiert und damit politisch-psychologisch entschärft werden. Jedoch ist ein blockinterner und innersowjetischer Streit über die Entideologisierung der sowjetischen Außenpolitik (nicht der „internationalen Beziehungen" generell!) entbrannt. Er enthält ein taktisches und ein stragegisches Element. In taktischer Sicht ist die sowjetische Außenpolitik unter Gorbatschow und seinen Bündnispartnern Shewardnadze, Jakowlew, Falin, Sagladin, Schachnasarow, Primakow, Dobrynin u.a. um Glaubwürdigkeit, Kooperationsfähigkeit und Ausstrahlungskraft bemüht. Daher werden die klassenkämpferischen Elemente zurückgestellt. Dies erfolgt scheinbar angesichts der „gesamtmenschheitlichen" Gefahren und „allgemein menschlichen Interessen" (Nuklearwaffen, Umweltzerstörung, Hunger, Seuchen, Terror), denen die Welt gemeinsam Rechnung tragen müsse. Hier jedoch tritt ein strategisches Element dieser Begrifflichkeit auf: die Zurückdrängung des Systemantagonismus und der negativen Bewertung des sowjetisch geprägten Weltsozialismus als Totalitarismus.[6] In diesem ideologisch-politischen Kontext schwelt in den Beziehungen SED-KPdSU ein nicht nur semantischer Konflikt: Es ging der SED dabei auch um die innere und äußere Legitimation.

Die ideologische Prämisse der SED unter Honecker, daß — wie zu Stalins Zeiten — die internationalen Beziehungen trotz „friedlicher Koexistenz" vom Klassenkampf im Sinne eines Systemantagonismus geprägt werden und der westlich-kapitalistische „Imperialismus" noch aggressive Züge trägt, wird von sowjetischen Akademikern wie auch von Parteiideologen und außenpolitischen Strategen (wie von Gorbatschows oberstem Parteiberater Prof. Alexander Jakowlew) mehr und mehr infrage gestellt und zurückgewiesen. Dafür habe man inzwischen von der Dominanz der „allgemein menschlichen Werte" zur Rettung der Menschheit vor allumfassenden Gefahren (angeführt von der vielfachen Vernichtungspotenz durch die nuklearen Waffenarsenale) auszugehen, was zur systemübergreifenden Verständigung und Kooperation führen müsse. Die von der Ideologie vorgegebene Prägung der Völker und Staatenwelt durch die Klasseninteressen und -grenzen bleibe immer bestehen. Doch diese differenzierenden Strukturmerkmale würden zurücktreten und der Kampf der sozialen Klassen als Gegensatz zwischen feindlich ausgerichteten Staaten und ihren Bündnissystemen nicht mehr politisch zum Tragen kommen. Offensichtlich ist diese vernünftige Position ideologisch nicht konsistent, da die Marx'schen und Lenin'-

---

[6] Siehe hierzu Eckhard Jesse: „Die ‚Totalitarismus-Doktrin' aus DDR-Sicht", in: Totalitarismus, hrsg. von Konrad Löw. Schriftenreihe der Gesellschaft für Deutschlandforschung, Band 23, Berlin 1989, S. 63–87, hier: S. 76–81.

schen Entwicklungsgesetze der Geschichte damit widerlegt werden: Der ideelle Grund für eine weitere Expansion der Sowjetunion fiele fort.

Die These der Sowjetführung lautet jetzt: Klassenkampf und Systemantagonismus seien nicht mehr die Bestimmungsfaktoren der künftigen „Weltinnenpolitik". Völkerrecht und Menschenrechtspakte müßten die Außenpolitik prägen, – das ist nicht nur die von Prof. Daschitschew vom Moskauer IMEMO-Institut geäußerte Meinung, sondern auch die Position Gorbatschows, wie sie in seiner Rede vom 7. Dezember 1988 vor dem Plenum der Vereinten Nationen zum Ausdruck kam,[7] aber auch in der Gemeinsamen Erklärung zwischen der Sowjetregierung und der Bundesregierung aus Anlaß des Staatsbesuches Gorbatschows in der Bundesrepublik (im Juni 1989) ihren Niederschlag fand. Die bisherige Instrumentalisierung des Völkerrechts durch die UdSSR und die anderen kommunistischen Staaten läßt genügend Raum für Zweifel an der Aufrichtigkeit des „neuen Denkens" der Sowjetführung. Der Rückzug aus Afghanistan gemäß dem Genfer Abkommen mag zwar, ähnlich dem INF-Abkommen, ein Anzeichen einer wirklichen Abkehr der UdSSR von ihrer bisherigen völkerrechtswidrigen Außenpolitik sein. Aber in beiden Fällen waren objektive Notwendigkeiten oder Nutzenüberlegungen Gründe oder Motive für einen Umdenkungsprozeß. Auch Moskaus größere Bereitschaft einer Mitwirkung bei der Entspannung und Lösung regionaler Konflikte deutet bislang nur auf das wachsende Defizit im sowjetischen Staatshaushalt hin. Die expansive Gangart in der Dritten Welt wie auch das blockinterne Interventionsverhalten Moskaus scheinen jedoch mittelfristig zugunsten größerer Toleranzbreite und einer Kosten-Nutzen-Bewertung der Außenpolitik für eine längere Phase, die der von Lenin angestrebten „Atempause" (russisch: peredyschka) in strategischem Sinne ähnelt, zurückgestellt worden zu sein.[8]

Diese Beschäftigung mit äußerer Selbstbescheidung und innerer Modernisierung und Reformierung kommt auch den osteuropäischen Bündnispartnern zugute. Da die KPdSU erst nach einem neuen Sozialismus-Modell sucht, kann sie ordnungspolitische Überlegungen im Sinne des „sozialistischen Internationalismus" erst dann zur Geltung bringen, wenn das gesamte Vormachtgefüge der „sozialistischen Gemeinschaft" zusammenzubrechen drohte. Eine reformpolitische Ordnungsmacht könnte sie nicht sein. Der begonnene Reform- und Modellwettbewerb scheint aber in friedlichen Formen verlaufen zu können. Einmal ist die Sowjetwirtschaft auf die Leistungen der Volkswirtschaften im RGW angewiesen, besonders auf jene der DDR mit ihrer seit 1978 entwickelten Mikroelektronik. Zum anderen kann sich die Sowjetführung eine Intervention in

---

[7] Vgl. „Prawda" vom 8.12.1988; Theo Schweisfurth, in: „FAZ" vom 13. Mai 1988, S. 9–10; Boris Meissner, in: „FAZ" vom 28.12.1988, S. 7.

[8] M.S. Gorbačev: Perestrojka i novoe myšlenie dlja našej strany i dlja vsego mira. Moskva 1987, S. 50 (Umgestaltung und neues Denken für unser Land und für die ganze Welt; amerikanische Ausgabe in der (west-)deutschen Übersetzung: Perestrojka. München 1987).

eines der Länder des Sowjet-„Blocks" offensichtlich nicht mehr leisten, spätestens seit ihrem Zögern vor einer Intervention in Polen 1981, was zur Ausrufung des „nationalen Kriegsrechts" geführt und die Grenzen der sowjetischen Interventionsdoktrin aufgezeigt hat. Eine Intervention käme in der jetzigen Phase sowjetischer Kooperationsbereitschaft zur Modernisierung und Neuformierung der Sowjetgesellschaft wohl nicht mehr in Frage, – es sei denn, die Sowjetarmee würde zur „Überwindung" innerer Unruhen die Macht übernehmen und ähnliche Handlungsmuster auf den Warschauer Pakt übertragen. Die Sowjetführung unter Gorbatschow bietet zunächst einmal die Gewähr eines friedlich vollzogenen reformpolitischen Wandels und Umbruchs im inneren und Hegemonialbereich. Vielleicht sucht die Führung unter Gorbatschow nach praktikablen Vorbildern, Vorreitern der Reform, nach neuen umsetzbaren Modellen des „Sozialismus", wie ihre bisherige Toleranz und ihr Wohlwollen gegenüber den systemöffnenden Reformen in Polen und Ungarn (seit kurzem auch in der DDR, der ČSSR und in Bulgarien) vermuten lassen.

Trotz ihres Militärpotentials scheint die reformpolitisch orientierte Sowjetführung durch eine geistige Öffnung des Systems und eine Dezentralisierung, Ökonomisierung und Demokratisierung von Wirtschaft und Gesellschaft die Ausstrahlungskraft des Sozialismus („neuen sowjetischen Typs") in der UdSSR wie in der Welt erneuern und erhöhen zu wollen. Die übergreifende Formel für die sowjetische Reformstrategie wie für die Modernisierungs- und Erneuerungspolitik im Hegemonialbereich lautet: die sozialistischen Staaten, allen voran die Sowjetunion, wie auch „den Sozialismus" als Gesamtphänomen des 20. Jahrhunderts wirtschaftlich leistungsfähiger und politisch wie ideologisch attraktiver zu gestalten. Dazu benötigt sie innere wie äußere Stabilität, um den Umgestaltungsprozeß ohne größere unkontrollierbare Umbrüche im parteigewünschten Sinne steuern zu können. In der UdSSR wie auch in den übrigen Staaten des RGW besteht zudem ein großer Innovations- und Kapitalbedarf, vor allem im Bereich der Hochtechnologien, aber auch in der Infrastruktur von Wirtschaft und Gesellschaft. Damit eng verquickt ist der militärische Sektor mit seinem „militär-industriellen Komplex", der in der Sowjetunion Wirtschaftsentwicklung und Staatshaushalt (nach westlichen Schätzungen macht der umfassende Militärhaushalt ca. 25% des sowjetischen BSP, also des „Nationaleinkommens", aus) weit stärker dominiert und belastet als in westlichen Industrieländern. In diesem Kontext verbindet ein gemeinsames maximalistisches Interesse die reformwillige Sowjetführung mit der reform*un*willigen SED-Machtelite unter Honecker. Beide versuchen,

a) durch handelspolitische Hinwendung zum kapitalistischen Westen an dessen Handels- und Kreditfazilitäten (Weltbank, Währungsfonds, EG, GATT) und einer fortgeschrittenen Hochtechnologie (Hard- und Software, direkt wie „indirekt", also durch Industrie- und Forschungsspionage) möglichst kostengünstig zu partizipieren und umfassend (vor allem militärisch) davon zu profitieren;

b) durch eine stärkere Kooperation und ein politisches Beziehungsgeflecht bzw. blockübergreifendes Vertragswerk ein engeres wirtschaftliches, militärisches und politisches Zusammenwachsen des freien Europa durch Mitsprachemöglichkeiten zu bremsen und schließlich ganz zu verhindern oder langfristig im sowjetischen Sinne zu steuern und zu dominieren (nach der Perspektive des „gemeinsamen europäischen Hauses"), und

c) die transatlantische strategische Anbindung und Zusammenarbeit Westeuropas zu lockern und zu neutralisieren, insbesondere die europäische Beteiligung am militärtechnologischen Teil von SDI sukzessive zu stören oder zu unterbinden.[9]

Insgesamt läßt sich sagen, daß bei unterschiedlichen entwicklungs- und reformpolitischen Ansätzen, die ein künftiges Konfliktpotential in sich bergen, die Stabilisierung, Modernisierung und Stärkung des eigenen Staates und des Hegemonialgürtels kurz- und mittelfristig die eine politische Zielsetzung der UdSSR darstellt. Als ein primäres Interesse existierte sie bereits seit Bestehen der Sowjetunion, wie die Auseinandersetzung zwischen Lenin und Trotzki um den Friedensschluß von Brest-Litowsk dokumentierte. Die Dynamisierung der Außenpolitik ist seither stets eine komplementäre Methode der Politik der KPdSU – unter welchem Herrscher oder Führer auch immer – gewesen und geblieben.

II. Die DDR – zwischen Blockbindung und außenpolitischer Manövrierfähigkeit: Kann der SED-Staat künftiger Juniorpartner der Sowjetunion werden?

Trotz der aufgezeigten prinzipiellen Interessenparallelität oder gar Zielidentität entwickelt sich seit dem Machtantritt Gorbatschows, aber auch schon in der Zeit des Interregnums (1983/84), ansatzweise ein Rollenverständnis der DDR als eines Juniorpartners der UdSSR im allgemeinen und in außenpolitischen Krisensituationen im besonderen. Das ermöglicht ein seit längerem vermuteter Manövrierraum zwischen der lange Jahre gültigen Breshnew-Doktrin von der „beschränkten Souveränität sozialistischer Staaten" und einer partiell entstandenen Autonomie bei der Interpretation und Gestaltung außenpolitischer Fragen. Um den Spielraum der DDR-Außenpolitik genau auszuloten, bedarf es – wie weiter oben schon geschehen – der Analyse der strategischen Interessen der Sowjetunion. Gibt es auch keine wesentlichen Zielkonflikte, so treten doch zuweilen bei der Operationalisierung der außenpolitischen Interessen Divergenzen auf, die mit Disziplinierungsversuchen von sowjetischer Seite beantwortet werden. Das geschah 1984, als Tschernenko und Gromyko wegen

---
[9] Harry Gelman: Gorbachev's Policies Toward Western Europe: A Balance Sheet. – RAND (R-3588-AF) – Santa Monica 1988, S. 73–75.

Honeckers Kritik in der Mittelstreckenraketen-Frage dem DDR-Staats- und Parteichef das „grüne Licht" für einen Besuch der Bundesrepublik verwehrten. Als im April 1985 der „Warschauer Vertrag" als die „sozialistische Gemeinschaft" als Block bindende Paktorganisation verlängert wurde, verwies Gorbatschow – selten genug – auf den „sozialistischen Internationalismus" als die souveränitätsbegrenzende Bindungsformel. Auf den Parteitagen der SED Mitte April 1986 und vor allem der PVAP in Warschau Ende Juni 1986 erinnerte Gorbatschow sein Auditorium an die Unumkehrbarkeit der „sozialistischen Errungenschaften". Er stellte in drohendem Tone fest: „Die sozialistische Ordnung anzugreifen, Versuche, ... das eine oder andere Land aus der sozialistischen Gemeinschaft herauszubrechen, bedeuten einen Anschlag ... auch auf die ganze Nachkriegsordnung und letzten Endes auf den Frieden."[10]

Hier wird schon deutlich, daß „Sozialismus" primär als Chiffre für die von Stalin geschaffene Nachkriegsordnung zu verstehen ist. Die ganze Revanchismus-Kampagne von 1984 bis 1986 hat nicht nur dem Westen Deutschlands gegolten, sondern auch der DDR-Führung mit ihrer Formel von der „Schadensbegrenzung", gemäß dem gesamtdeutschen Leitsatz „Von deutschem Boden darf nie wieder Krieg ausgehen!" Daher birgt der Hinweis auf die Nachkriegsordnung auch eine gewisse Bestandsgarantie „Volkspolens" mit seiner Westverschiebung, was durch die von der DDR völkerrechtlich anerkannte „Oder-Neisse-Friedensgrenze" ausgedrückt wird. In sowjetischer Sicht wird die Vormachtkontrolle durch Parteien des leninistischen Typs gesichert. Da diese Parteien Ausdruck der sowjetischen Nachkriegsordnung in Ost-Mitteleuropa sind, haben sie ihre Legitimation nicht ihren jeweiligen Völkern, sondern Stalin und der Sowjetarmee zu verdanken. In dieses Gedankenbild paßt dann auch Gorbatschows Zusicherung an diese Einpartei-Regime, Moskau gewähre ihnen Souveränität in den entsprechenden Bündnisgrenzen. Diese Parteisouveränität bietet größere Spielräume der inneren und äußeren Autonomie, bedeutet jedoch keine Staats- oder Volkssouveränität[11], welche auch zur Aufkündigung der Bündnistreue führen könnte. Diese völkerrechtliche Souveränität wurde bislang in sowjetischer Sicht ideologisch wie machtpolitisch durch das Konstrukt der „Sozialistischen Gemeinschaft" mit eigener, „sozialistischer Völkerrechts"-Qualität aufgehoben oder außer Vollzug gesetzt.[12] Da für die UdSSR die Nachkriegsordnung unan-

---

[10] Jens Hacker: „Die DDR in den block- und außenpolitischen Überlegungen der Sowjetunion", in: Politische Studien, Heft 289, September–Oktober 1986, S. 586 f.; „ND" vom 1. Juli 1986.

[11] Siehe Eduard Gloeckner (Anm. 5), op. cit., S. 408.

[12] In der politischen und Fachliteratur der Warschauer Pakt-Staaten war eine Zeitlang vom systemspezifischen „sozialistischen Völkerrecht" die Rede, – eine Position, die in der heutigen UdSSR, in Polen wie in Ungarn wohl kaum mehr offiziell gelten dürfte. Man spricht seit Jahren in der sowjetischen Fachliteratur von der Gültigkeit des universellen Völkerrechts, auch für die sozialistischen Staaten. Vgl. Alexander Uschakow/Dietrich Frenzke: Der Warschauer Pakt und seine bilateralen Bündnisverträge. – Analyse und Texte. – „Quellen zur Rechtsvergleichung", Berlin 1987, S. 53 ff.

tastbar ist, kann hier von keiner vollen Autonomie oder gar Souveränität gesprochen werden. Gegenteilige Behauptungen und Zusicherungen von Sowjetführern haben eher eine der Zukunft vorausgreifende Qualität. Die autonomen Spielräume der ehemaligen Satellitenstaaten der UdSSR sind freilich erheblich – zumal innenpolitisch – gewachsen. Durch Gorbatschows Verzicht auf die Verbindlichkeit des einstmals allgemeingültigen Sozialismusmodells der Sowjetunion ist einerseits für die stalinistischen Regime der DDR unter Honecker, der ČSSR unter Jakeš und Husak, Rumäniens unter der totalitär geprägten Familiendiktatur des Conducators Ceausescu und Bulgariens unter dem wendigen Altstalinisten Schiwkoff, andererseits für jene Reformregime in Polen und Ungarn der Spielraum für Eigenständigkeit vorgezeichnet. Eine Effizienzsteigerung der RGW-Volkswirtschaften, vor allem der mit der UdSSR direkt kooperierenden Betriebe und Forschungseinrichtungen, gilt im Rahmen des „Komplexprogrammes 2000" vom Dezember 1985 weiterhin als formale Zielsetzung, – und zwar nach Qualitätsmaßstäben auf Weltmarktniveau. Freilich steht hier das große Fragezeichen der Funktionstüchtigkeit und handelspolitischen Überlebensfähigkeit des RGW.[13]

Mitte Februar 1989 strich Gorbatschow in seiner Rede in Kiew die weitgehende Selbständigkeit der Bündnispartner in ihrer eigenen Innenpolitik heraus.[14] Das bezog sich mehr auf das benachbarte Polen, aber auch auf das reformpolitisch tonangebende Ungarn, wohl sehr zum Leidwesen der stalinistischen Machtelite der DDR unter Honecker. Daß die Formel von der Unumkehrbarkeit der Perestrojka, der Gorbatschow'schen Reformpolitik, inzwischen eher im Westen für glaubwürdig befunden wird als in der Sowjetunion oder im Ostblock (wobei der größte Teil der emigrierten schöpferischen Sowjetintelligenz ganz offensichtlich lieber im Westen bleibt, als der Perestrojka zu vertrauen) gibt doch zu denken. Die Teilautonomie der sowjetischen Bündnispartner – seien sie nun eingebundene Juniorpartner oder teils abwartende, teils lernunwillige „Schüler" –, wird auch der DDR solange einen begrenzten außenpolitischen Spielraum gewähren, wie das Reformexperiment andauert. Führt es gar zu einem Erfolg und in eine systemöffnende Reformrichtung, käme die SED unter Honecker in eine Lage, in welcher ihre Außen- und Innenpolitik auf kurz oder lang einer dringenden Revision unterzogen werden müßte.

---

[13] Siehe Eduard Gloeckner: „Das Sowjetsystem und der wissenschaftlich-technische Fortschritt", in: Osteuropa, Heft 8/9, 1986, S. 687 f.; vgl. hierzu Heinrich Vogel: „Nationale Reformen und Blockintegration", in: Osteuropa 10/89, S. 929–922.
[14] „Prawda" vom 14. und 15. Februar 1989.

III. Das außenpolitische Handlungsfeld der DDR außerhalb des Sowjetblocks

Obgleich die SED-Führung ihre offiziellen Beziehungen zur Bundesrepublik Deutschland (SED-Jargon: „BRD") gemäß dem deutsch-deutschen Grundlagen-Vertrag vom 21.6.1973 als außenpolitische Beziehungen politisch wertet, ist völkerrechtlich wie staatsrechtlich völlig klar, daß im vertragsrechtlichen Beiwerk (Note der Bundesregierung an die der DDR zur weiteren Aufrechterhaltung des Wiedervereinigungsanspruchs der Deutschen laut Grundgesetz und Selbstbestimmungsrecht, – als Brief zugestellt am 21.12.1972) im Sinne von Interpretationsvorbehalten geklärt worden ist, daß diese nichtvölkerrechtliche staatliche Beziehungsaufnahme einer völkerrechtlich gebotenen künftigen staatlichen Einheit des deutschen Volkes nicht im Wege stehen würde. Bestätigt wird diese Rechtsposition der Bundesrepublik durch Verfassungsgerichtsurteile bis in jüngste Zeit. In einem beiderseitigen Briefwechsel zwischen Bonn und Ost-Berlin vom 21.12.1972 wurde zudem übereinstimmend festgestellt, daß „die Rechte und Verantwortlichkeiten der Vier Mächte" durch die Vertragsbestimmungen nicht berührt würden, wobei auch der Berlin-Status entsprechend dem vorausgegangenen Vier-Mächte-Abkommen über Berlin (vom 3.9.1971) gewahrt wurde.[15] Daß hier ausdrücklich die die deutsche Einheit wahrenden „alliierten Vorbehaltsrechte" auch gemäß Deutschlandvertrag vom Mai 1955 einbezogen und beiderseitig anerkannt worden sind, ist ein deutliches Indiz dafür, daß die Bundesrepublik die DDR stets nur – für die Dauer des Bestehens zweier Staaten in Deutschland – im Sinne von innerdeutschen Beziehungen als Gesprächs- und Vertragspartner akzeptieren kann. Eine abweichende, in außenpolitisch-völkerrechtliche Beziehungen übergehende Vertragspolitik durch irgendeine deutsche Regierung ist rechtlich hinfällig und damit schon politisch gegenstandslos, solange die Selbstbestimmungsgarantie für das ganze deutsche Volk in einem völkerrechtlich nicht untergegangenen „Deutschen Reich" nicht voll eingelöst worden ist, – und zwar im Sinne einer friedlichen Einigungspolitik im Rahmen europäischer Zusammenarbeit – wie es auch das Grundgesetz verlangt.[16] Aus dieser grundsätzlichen Perspektive kann und wird die Darstellung der innerdeutschen Beziehungen zwischen Bundesrepublik Deutschland und DDR keinen Eingang in eine Analyse der außenpolitischen Beziehungen der DDR zu Ost- und Westeuropa finden. Sie bleiben einer eigenständige Analyse vorbehalten, die diesen aufgezeigten wissenschaftlichen und völkerrechtlich relevanten Erkenntnissen gerecht wird.

---

[15] Vgl. DDR Handbuch, Band 1. Köln 1985, S. 579 f.

[16] Karl Doehring: „Verfassungsrechtliche Bindungen der Bundesregierung bei Bestrebungen zur Wiedervereinigung Deutschlands", in: Deutschlandvertrag, westliches Bündnis und Wiedervereinigung. Studien zur Deutschlandfrage, Bd. 9, hrsg. vom Göttinger Arbeitskreis. Berlin 1985, S. 43–53.

Wie lassen sich vor dem skizzierten Hintergrund die Beziehungen der DDR mit dem Hegemon im Osten und den devisenträchtigen Transferzahlern und Handelspartnern im Westen Europas in ihren Grundlinien und möglichen Zielsetzungen darstellen und bewerten? Welche möglichen Handlungsvariablen und Prognosen kann man im gegebenen Rahmen (unter der ceteris-paribus-Bedingung einer machtpolitischen Stabilisierung und ideologischen Abschottung des SED-Regimes) daraus ableiten? Ergibt sich bei der vorhandenen Abstimmung und außenpolitischen Rollenteilung im Warschauer Pakt eine DDR-Variante einer Westeuropa-Politik?

Die modellpolitische aber auch militärische und wirtschaftliche, später in zunehmendem Maße außenpolitische Festlegung und Anbindung der DDR an die Sowjetunion (in der jetzigen DDR-Verfassung gemäß Art. 6, Abs. 2 sogar verankert) ging einher mit einer Erfüllungs- und Stellvertreterpolitik der DDR in der Dritten Welt, im Rahmen einer Arbeits- und Funktionsteilung. Die ersten diplomatischen Anerkennungserfolge verzeichnete die DDR-Führung in den 60er Jahren denn auch bei Entwicklungsländern wie Ägypten.

Die DDR-Führung unter Ulbricht vermochte damals die unter der Wohlverhaltensformel der „Hallstein-Doktrin" bekannte Politik der Alleinvertretungsvollmacht der Bundesregierungen von Adenauer bis Kiesinger zu unterlaufen. Ulbricht handelte und verhandelte mit Regimen wie dem Militärregime von Nassr in Ägypten, welche einer demokratischen Legitimation ebenso entbehrten wie die DDR-Regierung selbst. Die Bundesrepublik hatte in ihrem rechtlichen, historischen und moralischen Selbstverständnis als Vertretungsmacht des gesamten deutschen Volks zu handeln. Daher standen für Bonn die Beziehungen zu Ägypten in keinem Verhältnis zu der Aufgabe, das deutsche Verhältnis zu Israel und zum jüdischen Volk in geschichtlicher wie moralischer Dimension zu begreifen und entsprechend mit Priorität zu entwickeln. Für Ulbrichts DDR und ihren Außenbeziehungen über die eigenen Blockgrenzen hinweg galt es zudem, der ideologischen Erosion in der Dritten Welt durch das propagandistische Rivalitätsverhalten von Maos China Einhalt zu gebieten oder prosowjetischen Widerstand zu leisten. Die DDR-Außenpolitik in der Dritten Welt war daher bis in jüngste Zeit als Teil der sowjetischen Außenpolitik zu begreifen.[17]

Die Herrschaftsphase von SED-Chef Ulbricht endete Anfang der 1970er Jahre; als SED-Chef wurde er bereits Anfang Mai 1971 von Honecker abgelöst. Mit der Ostpolitik und den Ostverträgen der Bundesrepublik mit Moskau, Warschau und Ost-Berlin (Grundlagenvertrag) schwindet auch der Einfluß des im Umgang mit Moskau unbequem gewordenen Staatsratsvorsitzenden der DDR (– er verstarb Anfang August 1973 mit 80 Jahren –) auf die Stabilisierungspolitik der UdSSR (Sicherung des Status quo in Mitteleuropa). Die linksliberale Koalition in Bonn, die Anfang der 1970er Jahre zunächst unter Brandt-Scheel und ab

---

[17] Eduard Gloeckner (Anm. 3), op. cit., S. 4 ff.

1974 mit Bundeskanzler Helmut Schmidt in ihrer Politik der Entspannung und der Ostverträge Dialog und Zusammenarbeit mit der Sowjetunion unter Breshnew sucht, erreicht 1973 nach Inkrafttreten des Grundlagenvertrages die gleichzeitige Aufnahme beider deutscher Staaten in die Organisation der Vereinten Nationen. Damit sollte die Welt auf die besondere Lage des gespaltenen Deutschland erneut aufmerksam gemacht werden. Seither oder im Vorgriff auf diesen Schritt lief aber auch für die DDR eine Anerkennungswelle, welche bis Ende 1973 weitere 86 diplomatische Anerkennungen erbrachte. Abgesehen von den innerdeutschen Sonderbeziehungen, welche die DDR gern als außenpolitische aufwerten möchte, pflegt die DDR-Regierung inzwischen mit über 130 Staaten diplomatische Beziehungen.

Bei ihrer Intensivierung der Beziehungen durch Außenministertreffen und Staatsbesuche ging die SED-Führung recht vorsichtig vor. Neben ihren wichtigeren Bindungen im Ostblock und linken Regimen oder Befreiungsbewegungen in der Dritten Welt bevorzugte sie vor allem möglichst intensive Beziehungen zu neutralen Ländern wie Finnland, Schweden, Österreich und Japan oder – teils noch während der Franco-Diktatur – Spanien. Mit den eigentlichen westlichen Staaten der NATO, den Bündnispartnern der Bundesrepublik Deutschland, tat sich die DDR auf diplomatischer Ebene – wohl nicht ganz freiwillig – recht schwer. Obgleich die Beziehungen zum NATO-Land Belgien (mit dem Hauptquartier der westlichen Allianz in Brüssel, der Hauptstadt der Europäischen Gemeinschaft) recht frühzeitig und bis heute recht intensiv gepflegt wurden, dauerte es bis 1980, als der erste Außenminister eines – freilich nicht voll integrierten – NATO-Staates wie der französische in Ost-Berlin seine Aufwartung machte. Italien, Norwegen und Dänemark folgten 1983. Der 1986 erfolgte Staatsbesuch Honeckers in Schweden in der Regierungszeit Olof Palmes wurde jedoch vom Gastgeber bereits in seiner Bedeutung heruntergespielt. Der Gegenbesuch Palmes fand im ehemaligen schwedischen Stralsund, nicht in Ost-Berlin, statt. Norwegen und Dänemark hielten sich 1983 bei ihren Besuchen in der DDR ebenso zurück.

Neben dem erneuten Interesse der UdSSR und der DDR an Beziehungen zur Europäischen Gemeinschaft (EG) können – abgesehen von den deutsch-deutschen Sonderbeziehungen außerhalb des außenpolitischen Aktionsrahmens beider Staaten – zwei Länder besonders hervorgehoben werden, denen sich die DDR in letzter Zeit gewidmet hat: Spanien und Frankreich.

IV. Westbeziehungen der DDR

a) Beispiel Spanien

Das politisch-strategische Interesse der DDR-Führung an Spanien schlug sich bis Anfang der 1970er Jahre in einem anti-frankistischen „Anti-Faschismus" nieder, – eine Kampfesformel der Kommunisten und Neomarxisten zur Kennzeichnung ihrer Feindschaft gegen faschistische, faschistoide oder nationalsozialistische Regime und Bewegungen, aber auch gegen Rechts- und Militärdiktaturen. Schließlich waren viele der mitteldeutschen Kommunisten selbst im spanischen Bürgerkrieg der 1930er Jahre beteiligt, ebenso wie Stalins Kommissare und Hitlers Legion Condor. Das geschichtliche Erlebnis jener Zeit hielt also Teile der Führungsgarnitur und einfache SED-Mitglieder beim Thema Spanien in seinem Bann.

Schließlich kündigte Madrid im Oktober 1970 eine „Neuordnung der Beziehungen zur DDR" an.[18]

Als Mitte September 1972 Moskau den Abschluß eines umfangreichen spanisch-sowjetischen Handelsabkommens bekanntgab, zog die DDR-Führung Januar 1973 mit diplomatischen Beziehungen zu Madrid nach.[19] Dieses Verhältnis zwischen zwei Diktaturen währte bis Oktober 1975, als aufgrund der Unzufriedenheit der DDR mit ihren Handelserträgen – wie es hieß – diese Beziehungen wieder eingefroren wurden. Freilich war das nicht der einzige Aspekt. Den Anti-Allende-Putsch in Chile 1973 und die Umbrüche in Portugal und seinen afrikanischen Kolonien könnte man als Ursache für diese Rochade der Interessen Moskaus und Ost-Berlins erwähnen. Auch wurde die damals kurz vor dem Tod Francos aktivierte politische Justiz gegen Franco-Gegner als Grund für diesen Schritt genannt.[20] Anfang 1977, nach Francos Tod und nach Aufnahme diplomatischer Beziehungen Moskaus mit Madrid (in Moskau lebten damals etwa 2000 spanische Kommunisten, die – wie ihre vormalige Leitfigur „La pasionaria", Dolores Ibarruri – in die kulturelle Heimat zurückkehren wollten), wurden die diplomatischen Beziehungen zwischen Spanien und der DDR wiederbelebt, jedoch noch lange auf Sparflamme gehalten.[21] Im April 1983 gab die DDR-Regierung der seit 1980 in Madrid tagenden KSZE-Folgekonferenz – trotz zögernder Haltung Moskaus während des Interregnums – einen entscheidenden Impuls durch Förderung eines Entwurfs zum nahezu fertigen Abschlußdokument.[22] Kurz darauf, Anfang 1984, sollten in Stockholm Verhandlungen der KVAE-Abrüstungsrunde stattfinden. Daran war die DDR-Führung – mit Hinweis auf das Moskauer Interregnum und die Raketenstationierung auch auf ihrem Territorium – interessiert.

---

[18] Vgl. „Die Welt" vom 26. Oktober 1970.
[19] „Der Spiegel" vom 5. Februar 1973; „International Herald Tribune" vom 13. Januar 1973.
[20] „FAZ", 4. Dezember 1974; „Der Tagesspiegel", 11. Oktober 1975; „ND" vom 22. Oktober 1975.
[21] „Der Tagesspiegel", 20. Februar 1977; „ND" vom 4. Oktober 1977.
[22] Johannes L. Kuppe: „Ideologie und Außenpolitik der DDR", in: Ideologie und gesellschaftliche Entwicklung in der DDR. XVIII. Tagung zum Stand der DDR-Forschung in der Bundesrepublik Deutschland, 28. bis 31. Mai 1985, S. 118 f.

Die seit 1981 auf unterer Ebene durch Fachgespräche, Bürgermeistertreffen und Handelsabkommen wiederentwickelten Beziehungen des SED-Staates zum nunmehr demokratisch-monarchistischen Spanien erreichten nach der gelungenen KSZE-Initiative mit dem Besuch des DDR-Außenministers Fischer in Madrid im Januar 1984 einen vorläufigen Höhepunkt. Die im Mai 1980 zwischen Bundeskanzler Helmut Schmidt und SED-Chef Erich Honecker am Rande des Tito-Staatsbegräbnisses geschmiedete Friedensformel „Vom deutschen Boden darf niemals mehr ein Krieg ausgehen" konnte hier werbewirksam als diplomatisches Aushängeschild der „friedliebenden DDR" gelten und erneut bemüht werden, — einer DDR, die auf ihre flüchtenden Bürger an der innerdeutschen Grenze schießen ließ, also bis zum 9. November 1989 an der Todesstrafe de facto festhielt.[23] Der Besuch Fischers in Spanien wurde zwei Jahre später, im April 1986, vom spanischen Außenminister in Ost-Berlin erwidert.[24] Seit Beginn des Jahres 1986 war das neue NATO-Mitglied Spanien auch Teil der Europäischen Gemeinschaft geworden. Insofern war dieser erste Besuch eines spanischen Außenministers in Ost-Berlin auch ein interessantes Novum.

Anfang Februar 1988 erfolgte dann der zweite Besuch des DDR-Außenministers in Madrid. Neben dem Lob für das INF-Abkommen zwischen Washington und Moskau und den Aspekten der bilateralen Beziehungen hob der DDR-Vertreter die Notwendigkeit eines atomwaffenfreien Korridors und einer chemiewaffenfreien Zone in Mitteleuropa hervor, — ein Punkt, den die DDR in ihren außenpolitischen Gesprächen stets von neuem betont. Da er auch von Teilen der SPD unterstützt wird, stand wohl die Hoffnung Pate, der Brandt-Zögling Filipe Gonzalez werde in der NATO gegenüber der Bundesrepublik diese Forderung übernehmen.[25]

Ein Spezifikum des NATO-Status von Spanien ist seine formale Nicht-Integration in die Kommando-Struktur des westlichen Bündnisses — ähnlich wie Frankreich, und seine Ablehnung der Stationierung von nuklearen Trägersystemen — anders als Frankreich, das Nuklearmacht ist. Ein weiterer wichtiger Grund für die Suche der DDR nach guten Beziehungen zu Spanien ist auch die von Fidel Castro anerkannte historisch-kulturelle Führungsrolle Madrids gegenüber den spanischsprachigen Ländern Lateinamerikas. Da Filipe Gonzales zwar auf NATO-Ebene zur Überwindung seiner langjährigen Isolierung Kompromisse (wie in puncto der akzeptierten nuklearen Verteidigungskomponente der Allianz) eingehen müsse, so der DDR-Kommentar,[26] könne die spanische Regierung doch in Mittelamerika den friedlichen, der Machtstabilisierung der Sandinisten in Nicaragua dienenden Contadora-Prozeß fördern. Die DDR war es

---

[23] „ND" vom 13., 14./15. und 17. Januar 1984.
[24] „ND" vom 5. April 1986, „FAZ" vom 10. April 1986.
[25] „ND" vom 3. Februar 1988.
[26] „ND" vom 16. März 1988.

schließlich, die im Juli 1979 als erstes Ostblock-Land das prokommunistische Sandinista-Regime anerkannte.[27]

Der Fischer-Besuch in Madrid Anfang Februar 1988,[28] der noch vor dem des sowjetischen Außenministers Shewardnadze und anderer Ostblock-Außenminister stattfand, hatte aber vor allem den Staatsbesuch von SED-Chef Honekker vorzubereiten. Dieser erfolgte Anfang Oktober 1988, kurz nach seiner September-Visite bei Gorbatschow, und stellte einen vorläufigen Höhepunkt in den Beziehungen DDR—Spanien dar. Glaubte Honecker, er würde es auf dem glatten spanischen Parkett viel leichter haben als auf dem ein Jahr zuvor abgestatteten Arbeitsbesuch in der Bundesrepublik, dem großen Herausforderungs- und Kooperationspartner der DDR in Deutschland? Er wurde in Madrid eines Besseren belehrt. Die spanische Regierung übernahm einmal die Abrüstungsformeln der DDR nur teilweise. Zum anderen wurde Honecker vom spanischen König die Reisebegrenzungspolitik und die geistige Abschottung der DDR vorgehalten, was auch die Kritik an der Ablehnung der sowjetischen Öffnungs- und Erneuerungspolitik einschloß. Honecker meinte dagegen, die DDR sei als Reiseland offen und zudem durch Fernsehprogramme aus Ost und West das bestinformierte Land in Europa. In einem „El Pais"-Interview hatte er zuvor auf die vermeintlich „intensive demokratische Lebensweise" in der DDR als Ersatz für Glasnost verwiesen. Hier zeigt sich, daß der DDR-Führung unter Honecker ihre Abschottungspolitik gegenüber den sowjetischen Reformen nicht gerade nützte.[29] Diese siebente Reise Honeckers in ein Land der westlichen Allianz, nach Griechenland, Belgien, den Niederlanden, Italien, Frankreich, der Bundesrepublik und Portugal (England und die USA fehlen), hatte daher eher protokollarischen Wert. Ein potentieller Bündnispartner der „Friedensfreunde" des Sowjetblocks ist das prowestliche Spanien unter Gonzales nun doch nicht geworden (mit eigener Parlamentsmehrheit).

b) Die Beziehungen zwischen Paris und Ost-Berlin: eine verschmähte Liebe oder Gradmesser der deutsch französischen Zusammenarbeit?

Problematischer und zugleich reizvoller scheinen dagegen die Beziehungen von Honeckers DDR mit dem engen Bündnispartner des freien Deutschland, mit Frankreich. Zudem ist Frankreich eine der drei Schutzmächte in Berlin und Vertragspartner nach dem Deutschlandvertrag und damit Garant für eine künftige friedensvertragliche Regelung in bezug auf Berlin und Deutschland als Gan-

---

[27] Siehe Eduard Gloeckner: Die Sowjetunion, Kuba und die Situation in Mittelamerika. — Berichte des BIOst, 10-1987, S. 45; vgl. Hans Lindemann, Moskaus Traum: Nicaragua. — Stuttgart—Bonn 1986, S. 175.

[28] Johannes L. Kuppe: „Verbesserung der Beziehungen zu Spanien und Portugal", in: Deutschland Archiv/DA, Heft 11, November 1988, S. 1139—1142.

[29] „Süddeutsche Zeitung"/„SZ" vom 4., 5. und 6. Oktober 1988; „FAZ" vom 3. Oktober 1988.

zes. Aus diesem Grund kam Staatschef Honecker, der bereits im Juni 1985 von Ex-Premierminister Fabius ausgesprochenen Einladung zu einem Staatsbesuch erst zweieinhalb Jahre später, vom 7. bis 9. Januar 1988, nach.[30] Hier gab es nämlich einen diplomatischen Haken, und der war in den Besonderheiten der deutsch-deutschen Gespräche zu suchen. „Voraussetzung für die lange geplanten Pariser Gespräche ... war Honeckers Bonn-Besuch im vergangenen September (1987). Erst die Bundesrepublik, dann Frankreich — auf diesen Fahrplan legte Paris Wert."[31] Dieser Besuch des innerdeutschen Nachbarn hing freilich — wie schon 1983/84 deutlich spürbar — vom Wohlwollen Moskaus ab. Bei den Ergebnissen der Reise,[32] welche eine eher blasse und mehr kulturpolitisch geprägte 15jährige Geschichte der Beziehungen DDR—Frankreich auf hohem protokollarischen Niveau krönte, fiel vor allem auf, daß sich in der Abrüstungsfrage Frankreich mit seiner Position voll behauptet hat. Die nuklearen Kurzstreckensysteme wollte nun Honecker eher stufenweise und langfristig beseitigt wissen, nachdem Mitterand erst die strategischen Nukleararsenale mit Langstreckenreichweite reduziert sehen wollte. Seine eigenen nuklearen Kurzstreckenwaffen würden von Frankreich im übrigen als *strategische, nicht aber* als *Gefechtsfeld*waffen betrachtet, — eine Position, welche die NATO im Zusammenhang mit der Modernisierung eines Teils der Kurzstreckensysteme ähnlich sieht: sie sind politische, damit also eher strategische Waffen, d.h. zur Abschreckung, also Kriegsverhütung gedacht. Honecker zeigte sich flexibel und stellte kein Junktim zwischen dem abgeschlossenen INF-Abkommen und einer dritten Null-Lösung im Bereich unter 500 km Reichweite her. Zumindest vermied er dies offiziell.[33] Er hob dagegen auf notwendige Abrüstungsschritte bei allen Waffengattungen ab, zuletzt auch bei den konventionellen. Ein Akzent der indirekten Kritik an Frankreich klang an, als er von der Verhinderung neuer Waffentypen sprach. Hier scheint dem Osten die zunehmende militärpolitische und -technische Zusammenarbeit zwischen Frankreich und der Bundesrepublik schwer im Magen zu liegen.[34]

Der damalige Ministerpräsident Chirac — zugleich Bürgermeister von Paris — forderte „die Beseitigung der Mauer, die auf unmenschliche Weise Berlin teilt". Dies wäre ein „wesentlicher Schritt bei der Wiederherstellung des Vertrauens" zwischen Ost- und Westeuropa. Präsident Mitterand stellte in seinem Interview

---

[30] „ND" vom 2., 7., 8. und 9. Januar 1988 (ab 7. Januar erfolgte im „ND" die übliche breite „Hofberichterstattung" ohne selbstkritische Akzente oder abweichende Meinungen).

[31] „Der Tagesspiegel", 6. Januar 1988; „Le Monde" vom 8. Januar 1988. Darin heißt es: „... celui du lent processus de normalisation des relations de la RDA avec l'Europe de l'Ouest, *mis en route par les accords interallemands de 1972 reconnaissant l'existence non certes de deux nations, mais de deux Etats allemands.*"

[32] Zum Verlauf und den Ergebnissen der Reise im einzelnen, vgl. Johannes L. Kuppe: „Staatsbesuch in Frankreich", in: DA, 2/Februar 1988, S. 113–116.

[33] „FAZ" vom 9. Januar 1988.

[34] „FAZ" vom 11. Januar 1988.

im DDR-Fernsehen fest, „daß es gut für Europa wäre, wenn es sich eines Tages von dem lösen würde, was ich das Europa von Jalta genannt habe." Er hoffe dagegen auf die „Unabhängigkeit Europas" von den beiden Supermächten. Er sei ein großer Befürworter der Europäischen Wirtschaftsgemeinschaft. Er wünsche sich, daß Europa „mehr auf eine politische Einheit und gegebenenfalls auf eine Verteidigungseinheit zusteuert." Zwischen Ländern Osteuropas und Westeuropas sollten „enge Abkommen" geschlossen werden, – mit dem Ziel des „Dialogs, des Austauschs und letztlich gemeinsamer politischer Perspektiven", wobei die „Türen geöffnet und nicht verschlossen werden".[35] Zwischen den Zeilen zeigte sich aber hier ein erster Anknüpfungspunkt im Hinblick auf jene Äußerungen Honeckers, worin er neben seinem erwähnten Forderungskatalog zur Rüstungssteuerung und -kontrolle (Korridorformel) vorschlug, „offizielle Beziehungen zwischen RGW und EG sowie zwischen der DDR und den Europäischen Gemeinschaften herzustellen."[36]

c) Die DDR – das 13. Land der EG?
Zur Umorientierung des RGW auf die europäische Integrationspolitik

Der wirtschaftliche Ostblock, auch RGW oder Comecon genannt, tat sich unter Breshnew schwer, die Europäische Gemeinschaft politisch-diplomatisch als Realität anzuerkennen. Der kapitalistische „Imperialismus" konnte sich *in ideologischer Sicht* wegen seines Wettbewerbs um Absatzmärkte und Profite nicht einigen, – also negierte man diese Integrationstendenz, zumal der Streit um Milchmarktordnungen etc. kein Bild der Einheit bot. Wenn es dann aber – über französische Kommunisten wie dem roten Kapitalisten Doumeng – subventionierte, verbilligte EG-Butter und ähnliche Lagerüberschüsse auf manipulative Weise zu beziehen galt, war die östliche Vormacht stets zur Stelle. Die sowjetische Seite lehnte, wie Kuznecov im Diplomatie-Jahrbuch von 1986 recht einsichtig zugab, im Verbund mit den übrigen RGW-Staaten, also auch mit der DDR, bis etwa 1972 die Europäische Gemeinschaft strikt als ein sich entwickelndes Völkerrechtssubjekt ab.[37] Freilich bezieht sich diese negative Phase auf die gesamte Breshnew-Ära. Erst 1985 griff Gorbatschow eine erneute Initiative für EG-RWG-Gespräche auf, die nach manchen Umwegen über künstliche Berlin-Klauseln schließlich am 25. Juni 1988 zur Aufnahme offizieller Beziehungen zwischen RGW und EG führten.[38]

---

[35] „Frankreich-Info" vom 15. Januar 1988/Nr. 3–88, S. 3; und vom 15. Januar 1988/ Nr. 4–88, und vom 14. Januar 1988/Nr. 2–88, S. 3.
[36] „ND" vom 8. Januar 1988; vgl. Anm. 32, op. cit., S. 115 f.
[37] Vgl. Diplomatičeskij vestnik 1986 goda. Moskva 1987, S. 305–315.
[38] Alexander Uschakow, in: Osteuropa, Heft 7/8, 1988, S. 619; M. Schmidt/W. Schwarz: „Das gemeinsame Haus Europa – Realitäten, Herausforderungen, Perspektiven (I)", in: IPW Berichte, Heft 9/September 1988, S. 1.

Vor diesem Hintergrund sind die Einzelanträge zu Kooperationsabkommen mit der EG zu sehen, die zunächst von Rumänien und der ČSSR, aber auch Ungarn gestellt worden sind.

Die DDR, die bereits über ein Zusatzprotokoll zu den Römischen Verträgen „stiller Teilhaber" der Handelsvorteile des Gemeinsamen Marktes war (quasi 13. EG-Mitgliedsstaat ohne formalen politischen Status), bemühte sich seit Ende Oktober 1986 erneut um Verhandlungskontakte zur EG.[39] Mitte November 1986 und Mitte Oktober 1987 kam es zu erneuten — teils statusbezogenen, teils marktordnungsbedingten — Gesprächen zwischen einer DDR-Expertengruppe und der EG.[40] Weitere Kontakte der DDR-Repräsentanten Fischer und Sindermann zum Europäischen Parlament und zur EG führten dann nach der wechselseitigen Anerkennung von EG und RGW Ende Juni 1988 durch einen Notenaustausch EG-DDR am 10. August 1988 zur Aufnahme diplomatischer Beziehungen.[41]

Für diese in Moskau gefällte grundsätzliche politische Entscheidung lieferte auf der 19. Parteikonferenz der KPdSU Ende Juni 1988 in Moskau Julij Kwizinskij im nachhinein die Begründung. Der Sowjetbotschafter, zugleich ZK-Mitglied seiner Partei, bezeichnete „die Beschleunigung und Vertiefung der Integrationsprozesse ... in Westeuropa" als einen der wichtigsten Faktoren der internationalen Entwicklung. Freilich malte er diesen Prozeß als Gefahr für den in der Wirtschaftsintegration stagnierenden RGW-Block an die Wand und verwies auf die Möglichkeit, daß die Einigung Europas immer mehr Länder einbeziehen könnte und damit indirekt die westliche Allianz stärken würde. Er forderte ein Parlament des RGW auf breiter demokratischer Grundlage, was freilich für reformfeindliche Staaten wie die DDR oder Rumänien ein Problem darstellen könnte.[42] Kwizinskijs Kritik an der — auch politisch und militärisch für relevant gehaltenen — Sogwirkung der EG gegenüber neutralen Staaten wie Österreich schlug sich September 1988 während einer Staatsvisite des österreichischen Vize-Kanzlers Mock bei Shewardnadze in Moskau in einem TASS-Bericht nieder. Darin wird auf den vermeintlichen Doppelcharakter der EG als Teil der NATO und damit ein Beitritt als unvereinbar mit dem Neutralitätsstatus Österreichs verwiesen. Bei aller Wirtschaftskooperation sei in einer Zeit der Überwindung der Spaltung Europas die Rolle der Neutralen positiv einzuschätzen und zu stärken.[43]

In diesem Punkte freilich könnte sich bald eine Änderung der Politik Moskaus abzeichnen. Sowohl die Äußerung des führenden Akademie-Wissenschaft-

---

[39] „FAZ" vom 28. Oktober 1986.
[40] „SZ" vom 19. Oktober 1987; „FAZ" vom 13. November 1986.
[41] „ND" vom 31. Mai 1988; „SZ" vom 1. Juni 1988; „Der Tagesspiegel" vom 23. Juni 1987; „FAZ" vom 13. Oktober 1988.
[42] „Prawda" vom 3. Juli 1988, S. 2.
[43] „Prawda" vom 13. Sept. 1988, S. 4.

lers, Prof. Bogomolows, im Sinne einer möglichen Tolerierung eines Beitritts Ungarns zur EG mit dem Status einer Quasi-Neutralität, als auch jüngste Äußerungen Gorbatschows in seiner Kiewer Rede von Mitte Februar 1989[44] und die Äußerungen von Außenminister Shewardnadze vor EG-Botschaftern in Moskau lassen einen solchen Gesinnungswandel der Moskauer Politik gegenüber dem freien Westeuropa erkennen. Ob die bisherigen Grenzlinien, die die UdSSR, die DDR und die anderen Staaten des RGW in ihrer Politik gegenüber der europäischen Einigung gezogen hatten, nunmehr nur aus taktischen Gründen verwischt oder gar aus strategischen Überlegungen beseitigt worden sind oder werden, bleibt hier zunächst offen. Man möchte sich möglicherweise in diesen Einigungsprozeß durch Kooperationsverträge einschalten, um die politische Einigung des freien Europa einerseits besser unterlaufen, bremsen oder gar verhindern zu können. Andererseits jedoch würde der RGW für seine Mitglieder auf alle Fälle die handelspolitischen Vorteile einer Zusammenarbeit auf sein Konto verbuchen wollen.

V. Die UdSSR, die DDR und das „gemeinsame Haus Europa"

Zweifellos ergibt der neue Begriff „gemeinsames europäisches Haus" oder „gemeinsames Haus Europa" einen ganz neuartigen Zugang zum Studium der Architektur, — zur Statik wie zum Baustil, zur Innenarchitektur wie zum Versorgungstrakt und letztlich zu den Zugangs- und Belegungsplänen. Gorbatschow hat in seinem Buch PERESTROJKA auf diese Baupläne hingewiesen.[45]

Die Gedankenführung um diese Metapher ist zum Teil noch von manchen geistigen oder politischen Trübungen, vielleicht auch von Täuschungsabsichten geprägt. Das muß aber nicht so sein oder bleiben. Möglicherweise haben die Sowjetwissenschaftler, die dieses begrifflich vorgegebene Faktum in der Welt zu erklären haben, in einer als aggressiv oder „revanchistisch" eingestuften politischen Großwetterlage ein ganz anderes Arsenal an Argumenten und Erklärungsmustern bei der Hand als zur Zeit der Kooperationssuche, wie eine Diskussion im Rahmen der Friedrich-Ebert-Stiftung zeigte.[46] Man muß wohl zunächst — so zumindest die Intention der Sowjetführung — von den neuen schlagwortartigen und unlogisch wirkenden Beziehungsmustern ausgehen. Doch selbst Gorbatschow scheint von diesem Begriff allmählich abzurücken. Sieht man aber von der Doppelrolle der Supermacht UdSSR als asiatische *und* europäische Macht ab, bleibt die Frage, wie sich eine innenpolitisch wie ideologisch gewan-

---

[44] „Prawda" vom 15. und 16. Februar 1989.
[45] Vgl. Michail Gorbačev: Perestrojka ... op. cit. (Anm. 8), S. 199–208, hier: S. 203 f.; siehe Hannes Adomeit: „Gorbatschows Westpolitik. ‚Gemeinsames europäisches Haus' oder atlantische Orientierung?", in: Osteuropa No. 6/1988, S. 419–434.
[46] Eckhard Fuhr: „Nur ein neues Etikett", in „FAZ" vom 12. Januar 1988, S. 12.

delte Sowjetunion außenpolitisch vom Profil her gerieren würde: die Intelligenzia mehr nach Europa, die machtbesessene Parteielite und das Militär eher nach Asien oder global orientiert?

In der Sowjetunion gibt es auf dem Gebiet der außenpolitischen Orientierung nach dem „neuen Denken" Gorbatschows noch viele Fragezeichen. Eine außenpolitische Fachliteratur, die sich qualitativ mit jener westlicher Länder messen ließe, gibt es nur in Ansätzen. Selbst Außenminister Eduard Shewardnadze gab in einem Interview mit der Reformzeitschrift „Moskovskie novosti"[47] (deutsch: „Moskau News") offen zu Protokoll, daß die politisch vorgegebenen Begriffe wie „allgemein menschliche Interessen/Werte" erst von der Wissenschaft operationalisiert und in ihren möglichen Dimensionen vermittelt werden müssen. Wo bleibt die oberste Maxime der Sowjetwissenschaft, die Parteilichkeit („partijnost'")? Hier zeigt sich am ehesten die mögliche Bandbreite des politischen wie auch geistigen Umbruchs in diesem größten Land der Erde. Und hier offenbart sich eine mögliche deutschlandpolitische Dimension. Ging noch in der ersten Hälfte der 1980er Jahre (bis etwa 1986) die Sowjetpropaganda recht offensiv und wenig zimperlich mit der Bundesregierung und ihrer Allianztreue um (wobei die „Revanchismus"-Kampagne ein psychologisch abgegriffener Teil dieser Offensive war), wird heute, trotz der taktischen Zurückweisung des Strebens der Deutschen nach staatlicher Einheit gemäß dem Völkerrecht, eher geworben, sowohl auf politischer Ebene wie auch auf der der erkennbaren Propaganda und Desinformation.

Vor allem war es die offene „deutsche Frage", also die Umschreibung des völkerrechtlichen Anspruchs der Deutschen auf Selbstbestimmung, die Sowjetvertreter wie Portugalow oder gar Falin zu Andeutungen bewegt haben, daß in der Frage der deutschen Einheit Möglichkeiten bestünden.[48] Gerade bei der Frage der Stationierung ausländischer, also vor allem sowjetischer und amerikanischer Truppen in Deutschland wird der politisch-psychologische Hebel angesetzt. Zunächst kursierten 1987/88 über mehrere Monate hinweg Gerüchte, wonach die Sowjettruppen aus der DDR im Rahmen einer politischen Lösung abgezogen werden könnten. Als die westliche Seite — mit Ausnahme einzelner Abgeordneter wie Friedmann — die Verknüpfung von Abrüstungs- und Deutschlandpolitik im Vorfeld der NATO-Diskussion über eine Modernisierung der zahlenmäßig reduzierten Kurzstreckenwaffen (Reichweite bis zu 500 km, unterhalb der Grenze des INF-Abkommens) und über ein strategisches Gesamtkonzept nicht mittrug, wechselte die Taktik. Die Rede war von einem Abzug der Sowjettruppen aus Ungarn. Schließlich verstimmte auch dieses Gerücht. Am 7. Dezember 1988 gab der sowjetische Generalsekretär und Staatschef vor der Vollversammlung der Vereinten Nationen zu Protokoll, daß er eine einseitige

---

[47] „Moskovskie novosti"/„MN" vom 25. Dezember 1988, S. 8–9 („Was macht Sowjetdiplomaten besorgt").
[48] Eduard Gloeckner (Anm. 5), op. cit., S. 398.

Reduzierung militärischer Kräfte, von Truppen wie Material, vorschlägt, um bis 1991 die östlichen Asymmetrien konventioneller Kräfte (darunter auch Teile der in Ungarn, der ČSSR und der DDR stationierten Truppen der Sowjetarmee) abzubauen. Durch derartige propagandistische Schritte der „einseitigen Lösungen" soll die westliche Öffentlichkeit wohl auf eine ähnliche Vorgehensweise ausgerichtet werden, während die Wiener MBFR-Verhandlungen (sie traten Anfang März 1988 nach jahrelanger Stagnation in eine neue Phase eines Verhandlungsmandats) mit ihren vertraglichen Festlegungs- und Kontrollmöglichkeiten umgangen werden.[49] Spätestens hier wird erkennbar, daß die Sowjetführung unter Gorbatschow noch kein überzeugendes Abrüstungskonzept für Ost *und* West als Verhandlungsbasis anzubieten hat.

Einerseits ist es *die* erklärte, zumindest durch Propaganda verstärkte Zielsetzung der heutigen Sowjetführung, bis zum Jahre 2000 eine weltweite nukleare Abrüstung zu erreichen. Diese Forderung ist doppelbödig. Mit ihrer konventionellen Überlegenheit (einschließlich der Chemiewaffenarsenale, die wohl nie weltweit und prinzipiell zu beseitigen sein werden, wie Beispiele von Entwicklungsländern in jüngster Zeit wieder demonstriert haben) wäre die UdSSR zumindest gegenüber Westeuropa und Japan, aber auch gegenüber dem gesamten, sie umgebenden Staatengürtel (von Südosteuropa bis Westasien) die zahlenmäßig dominierende Hegemonialmacht. Die Entnuklearisierungsvariante scheint also zumindest gegenüber Westeuropa ein konstanter politisch-strategischer Orientierungsfaktor Moskaus geworden zu sein, obgleich von offizieller Seite (wie so oft schon in der Geschichte geschlossener Systeme) diese Absicht einer strategischen Abkoppelung Westeuropas von den USA mehr oder weniger überzeugend geleugnet wird. Jedoch scheint die Sowjetführung große Hoffnungen auf zu etablierende links-ökologische Regierungskoalitionen in Deutschland und anderswo zu setzen, die nach regionalen Mustern (wie Berlin-West) einen Abschied von westlichen Sicherheitsvorstellungen bereits programmatisch erkennen lassen, welche bislang in „bürgerlichen" Koalitionen der Mitte stets vorgeherrscht und die Bundesrepublik Deutschland als einen verläßlichen Partner der freien Welt ausgewiesen haben. Die Erosion der Allianztreue durch eine pazifistisch durchsetzte Sozialdemokratie mit ihrem radikalen und anarchistischen Koalitionsspektrum („Die Grünen", „AL", „GAL")[50] wird zum politischen Kapital der UdSSR, mit der die osteuropäische Vormacht und die DDR demnächst noch wuchern werden.

---

[49] „Parametry venskogo mandata", in: „MN" vom 19. März 1989 (No. 12), S. 8–9.

[50] Vgl. hierzu: „Das Wahlprogramm der Alternativen Liste", Berlin 1989, S. 36 ff., und: „Für eine alternative Berlin-Politik". Programmatische Erklärung der Alternativen Liste. (Berlin) 28.5.1988, S. 8 ff. Vgl. hierzu die Kritik am Irseer SPD-Programmentwurf von Theodor Schweisfurth: „Die Sozialdemokratische Partei Deutschlands darf auf die Einheit Deutschlands nicht verzichten", in: DA 6/Juni 1988, S. 592–598, und den folgenden Beitrag von Karsten D. Voigt: Gesellschaftliche Reformen: gemeinsame Freiheit?, ibid., S. 598–606, ebenso Guntolf Herzberg: „Wann wir schreiten/streiten Seit' an Seit'. – Bemerkungen zum gemeinsamen Papier von SPD und SED", in: ibid., S. 606–612.

Die Frage eines geschlossenen oder abgestimmten Verhandlungs- und Strategiekonzeptes der NATO stellt sich unter derartigen ins Haus stehenden koalitionspolitischen Bedingungen nämlich dann anders. In einer derartigen Konstellation käme das Moskauer Politbüro seinem Ziel einer Entnuklearisierung Deutschlands und Westeuropas erheblich näher. Sie würde möglicherweise gratis angeboten, ohne daß die konventionellen Asymmetrien des Warschauer Pakts (von kosmetischen einseitigen Reduzierungen abgesehen) im wesentlichen zwecks Verhinderung einer Angriffsoperationsfähigkeit abgebaut worden wären. Bis dahin könnte eine Ost-West-Vernetzung im Sinne einer Interdependenz[51] auf wirtschafts- und handels-(technologie-)politischem Gebiet angestrebt werden, um der Modernisierung des wirtschaftlich maroden Sowjetblocks zu dienen, was dann freilich auch – bei Vermeidung der Cocom-Restriktionen – der militärischen Modernisierung der hochgerüsteten Sowjetarmee dienen könnte. Hier schließt sich der Kreis der Argumentation auch für DDR-Wissenschaftler, die unter der Institutsbezeichnung IPW (Institut für Internationale Politik und Wirtschaft, Berlin-Ost) Auftragsarbeiten für die DDR-Regierung, vor allem auch für die HVA (Hauptverwaltung Aufklärung des Ost-Berliner Ministeriums für Staatssicherheit der DDR) ausführen. Ob hier aufgrund der langjährigen Leitung der HVA durch den im Februar 1987 resignierten Markus („Mischa") Wolf ein sowjetischer Einfluß vermutet werden kann, bleibt offen. In der vom IPW als Monatsschrift herausgegebenen „IPW Berichte" erschienen aus der Feder des IPW-Direktors Dr. sc. phil. Max Schmidt (zusammen mit seinem Institutskollegen W. Schwarz) zunächst im September und Oktober 1988 zwei Aufsätze mit dem Titel „Das gemeinsame Haus Europa – Realitäten, Herausforderungen, Perspektiven".[52] Beide Autoren – sie wurden möglicherweise offiziell dazu ermuntert oder gar autorisiert, damit einen politischen Versuchsballon zu starten, der sich an eine mögliche Linkskoalition („rot-grüne" Koalition von SPD und Die Grünen) in der Bundesrepublik richten mag – lassen einem Analyse-Teil die Konzeption folgen.

Grundgedanke eines DDR-Konzeptes vom „gemeinsamen Haus Europa" ist demnach „eine komplexe Zusammenarbeit und perspektivisch eine Vernetzung von Ost und West" als Weg und Zielvorgabe. Die Forderung der „Europa-Architekten" der DDR-Vordenkerelite lautet: „Sicherung der Existenzberechtigung der DDR." Etwas anders formuliert heißt es beim IPW-Konzept: „Europa muß eine neue Identität durch die gegenseitig anerkannte Existenz unterschiedlicher gesellschaftlicher Strukturen bei gleichzeitig übergreifender Kooperation in friedenssichernder und friedensgestaltender Hinsicht finden."[53] Die Verfasser lehnen sich bei dieser Existenzgarantie für ihr widerrechtliches Ein-Partei-Herr-

---

[51] Vladimir Lomejko: „Vorstellungen über die Zukunft des gesamteuropäischen Hauses", in: „Haus Rissen/Rissener Rundbrief", Hamburg. November 1988.
[52] „IPW Berichte" (vgl. Anm. 38) und Heft 10/Oktober 1988, S. 1–11.
[53] Ibid., Teil I, S. 4.

schaftssystem auf deutschem Boden nicht an die staatsrechtliche Grenzgarantie durch den deutsch-deutschen Grundlagenvertrag an. Sie berufen sich statt dessen auf die Anerkennung der „Existenz*berechtigung*" (Unterstreichung durch mich – E.G.) ihres Systems durch die SPD, was im gemeinsamen SED-SPD-Papier dokumentiert worden ist. Jenes „Dokument", wie es von der SED-Presse inzwischen hochstilisiert werden konnte, bezieht sich nicht nur auf den „Streit der Ideologien und die gemeinsame Sicherheit", wie sein Titel lautet.[54] Ähnlich konzipieren Schmidt und Schwarz das „gemeinsame Haus Europa" als ein Kooperationsgeflecht der existierenden Staaten in ihren Grenzen, aber auch als Garantieurkunde für die DDR-Staatlichkeit, also als Schutzbrief vor dem Völkerrecht der Selbstbestimmung. Diese auf systemstrukturellem Status quo gründenden IPW-Vorüberlegungen zu einem europäischen Kooperationsmodell führen von einem „Geflecht politischer Zusammenarbeit in Europa" ... „zu weitergehenden Formen europäischer politischer Organe". Ein darauf aufbauendes Konzept „gemeinsamer Sicherheit" (hier läßt die SPD-Formel von der „Sicherheitspartnerschaft" grüßen) hätte neben der auch vom Westen geforderten *weltweiten* Beseitigung chemischer Waffen vor allem eine Entnuklearisierung Europas und eine politisch-strategische Abkoppelung vom NATO-Partner USA zur Folge. Wohlgemerkt, die Entnuklearisierung ginge nur bis zum Ural, wäre also für die UdSSR folgenlos.[55]

Um die Ängste vor konventionellen Überlegenheiten und Angriffsoperationen zu erfassen, wird ein Konzept „struktureller Angriffsunfähigkeit" gefordert. Realistisch klingt die Forderung nach Abbau historisch gewachsener „Asymmetrien in militärischen Teilbereichen" an. Diese Gedanke wird ausdrücklich – wie im Westen auch – auf eine „beiderseitige Liquidierung der Ungleichgewichte und Asymmetrien bei einzelnen Arten der konventionellen Rüstungen und bei den Streitkräften" ausgerichtet.[56] Ein umfangreicher Vorschlags- oder Forderungskatalog auf wirtschafts-, technologiepolitischem wie wissenschaftlichem, aber auch ökologischem Gebiet schließt sich an. Die IPW-Autoren betrachten die „Arbeit am gemeinsamen Haus Europa" aber eher als „langfristiges strategisches Projekt". Gegenwärtig jedoch, so schränken sie ein, werde die „Szenerie in Europa in scharfem Widerspruch zu den gegebenen Erfordernissen im wesentlichen vom Systemantagonismus in seiner bisherigen konfrontativen Ausprägung, von nationalen Egoismen und partikularistischen Blockinteressen bestimmt".[57]

Diese Folgerung geht keineswegs konform mit einem Verlaufsprotokoll eines Wissenschaftlergesprächs vom 6. Juli 1988 in der „IPW-Berichte"-Redaktion. Der Grundtenor dieses Beitrags lautet, daß man dem „heutigen Imperialis-

---

[54] Vgl. Guntolf Herzberg (Anm. 50), op. cit.
[55] „IPW Berichte", Teil II, op. cit., S. 4.
[56] Ibid., S. 6.
[57] Ibid., S. 11.

mus" bei aller „Aggressivität" (nicht Aggression!) zunehmende „Friedensfähigkeit" attestieren könne. Diese Übergangsphase von der Konfrontation zur Entspannung sei bereits eingeleitet. Die Rede ist auch von einer zunehmend „kooperativen Koexistenz", wenngleich der Wettbewerb der Systeme noch dominiere.[58] Zum Schluß der beiden Beiträge werden politisch-ideologische Wertungen nachgeschoben, die den Gesamttexten keineswegs entsprechen, sondern einen zentralen Zensurvorbehalt erkennen lassen. Das Dezember-Plenum des ZK der SED 1988 war insgesamt ein Sieg der Dogmatiker über die reformorientierten Kräfte.

Die SED-Führung scheint mit dem Dezember-Plenum des ZK 1988 eine blockinterne Kompromißformel gefunden zu haben, wonach sie ihre dogmatische, aus der Stalinzeit stammende Legitimierung als Teil des weltweiten Klassenkampfes beibehält, sie jedoch hintanstellt. In Sachen „Frieden", so heißt es dann recht dialektisch gewunden, decken sich die Menschheitsinteressen mit den Klasseninteressen. Jedoch habe weiterhin der Grundsatz zu gelten,„,daß der Kampf der Klassen, der Widerstreit ihrer Interessen die Haupttriebkraft des Weltgeschehens bleibt."[59] Die staatliche und systempolitische Koexistenz beseitige nicht den Klassenkampf; auf ideologischem Gebiet gebe es „keine Koexistenz". Fazit: „Der Klasseninhalt der Politik der friedlichen Koexistenz" bleibt der SED als Legitimationsgrundlage ihres Staates damit vorläufig – entgegen den sowjetischen, polnischen und ungarischen Denkansätzen – erhalten.[60]

Die Existenzberechtigung des SED-Staates hängt von diesem Feindbild und dem ihm zugrundeliegenden Antagonismus-Konstrukt ab, wie Ideologen vom Schlage eines Otto Reinhold Monate später auch eingestanden. Die Frage bleibt offen, inwiefern sich die SED zwischen Gorbatschow'scher und osteuropäischer Reformpolitik und der attraktiven westlichen Integrationspolitik mit gesamteuropäischer Zukunftsoption in ihrer Eigenstaatlichkeit und dogmatischen Verkrustung und Abschottung längere Zeit behaupten kann, ohne Schaden zu nehmen.

In den Parteiniederungen, den Grundorganisationen der SED, gab und gibt es diverse Rückfragen im Hinblick auf die Übernahme der Perestrojka-Reformpolitik durch die DDR. Im Zusammenhang mit dem Verbot einer Stalin-kritischen Ausgabe der sowjetischen Presse-Übersicht „Sputnik" für den Vertrieb in der DDR konnten nachweislich Proteste der SED-Mitgliedschaft gegen eine Zensur von Presseerzeugnissen des „großen Bruders" registriert werden.[61] Was

---

[58] „IPW Berichte", Heft 9/1988, S. 19.
[59] Politbüro-Mitglied Dohlus, in: „ND" vom 21. Oktober 1988, S. 4; siehe auch „ND" vom 2. Dezember 1988.
[60] „ND" vom 2.12.1988.
[61] DDR-Schriftsteller Stefan Hermlin in einem Interview mit „Der Spiegel" vom 6. Februar 1989 (Nr. 6), S. 75.

sich in einem stalinistisch geprägten und totalitär verfaßten Ein-Partei-Herrschaftssystem in den mittleren und oberen Parteirängen an Opposition regen kann, ist seit den Fällen Ackermann, Zaisser, Herrnstadt der 1950er Jahre gewiß: Es bedeutete das Ende der Parteikarriere, gegen die Führung des Politbüros zu revoltieren, – es sei denn, eine Politbüromehrheit – wie im Frühjahr 1971 unter Honeckers Führung gegen Parteichef Ulbricht – löst den Personalkonflikt im Sinne der Herrschaftssicherung und der damals gebotenen Blockdisziplin im Rahmen der „kollektiven Führung" der Machtelite. Außerhalb dieses inneren Zirkels kann wenig bewegt werden, auch nicht auf den Tagungen der sorgfältig vorstrukturierten Diskussionen von Zentralkomitee und Parteitag der SED. In den DDR-Bezirken könnte aber eine personelle Alternative sichtbar werden, folgte man einem Gerücht im Jahre 1987: Der SED-Bezirkschef Hans Modrow sei der von den Sowjets favorisierte Nachfolgekandidat Honeckers. Mit seiner Person scheint man eine Art populistischer Parteiführerfigur entdeckt zu haben, die sich wohltuend von den blassen Erscheinungen Honeckers oder seines präsumptiven Nachfolgers Krenz abheben könnte. Dem fiktiven Kandidaten Modrow hängt freilich der Makel einer Nichtmitgliedschaft im Politbüro an, was für einen Kandidaten entscheidend sein dürfte. Modrows Person rückte vor kurzem wieder in den Mittelpunkt von Spekulationen, als nämlich der Dresdner Bezirks-„Fürst" in der SED-Gazette „Sächsische Zeitung" einen wohlwollenden Bericht über das Reformexperiment in den von ihm besuchten chinesischen Sonderwirtschaftszonen mit ihren marktwirtschaftlichen Strukturen lieferte. Jene Markt- und Konkurrenzmechanismen widersprechen jedoch der neo-zentralistischen Planwirtschafts- und Preislogik der SED-Führung.[62] Modrows Initiative oder Denkanstoß wurde nirgendwo sichtbar aufgenommen. (Ergänzung mit dem Stand vom 15. November 1989: ZK-Mitglied Dr. Hans Modrow, bislang Bezirksparteichef der SED von Dresden, wurde nach dem Umbruch vom 18. Oktober 1989 und den Demonstrationen und Ereignissen danach (Öffnung der Grenzen) vom ZK der SED zum Kandidaten für das Amt des DDR-Ministerpräsidenten vorgeschlagen und von der „alten Volkskammer" am 13. November 1989 zum Regierungschef der DDR gewählt, nachdem er zuvor schon in das SED-Politbüro aufgerückt war. – E.G.).

Die Partei- und Staatsführung unter Honecker schien sich und ihr hochgelobtes „Erfolgsmodell" DDR auch noch Anfang Oktober 1989 zur Staatsfeier des 40. DDR-Jubiläums keineswegs infragestellen oder auch nur kritisch überdenken zu wollen. Jedoch war nach dem Muster der Machtteilung in der ČSSR unter Jakeš und Husak bereits Ende 1988 die Rede von einer Übergangslösung in der DDR: mit dem wahrscheinlichsten (und am 18. Oktober 1989 auch vom ZK der SED gekürten) Nachfolgekandidaten, dem neostalinistisch geprägten

---

[62] Siehe hierzu Fred Oldenburg: „Hans Modrows Reisenotizen – Denkanstöße für Reformen in der DDR", in: „Aktuelle Analysen", BIOst Köln, Nr. 47 (10. August) 1988, S. 7.

Egon Krenz (der dann freilich Mitte Oktober 1989 in die gesamte Machtfülle Honeckers inauguriert wurde, bevor er Anfang Dezember 1989 gemeinsam mit ZK und Politbüro zurücktreten mußte, um einer neuen Führungsstruktur der SED unter Rechtsanwalt Gregor Gysi Platz zu machen). Konnte man Ende 1988 noch hoffen, daß die weitere Entwicklung der Reformbewegung und die eines Tages auch für die DDR erhoffte reformpolitische Öffnung vom Erfolg Gorbatschows in der Sowjetunion und der weitergehenden Öffnung und Demokratisierung in Ungarn, Polen und im Baltikum abhängen würden, so hat die weitere Hinwendung Polens und Ungarns zur politischen Kultur des Westens zwar entsprechende Zeichen der Hoffnung gesetzt. Jedoch hätte eine innenpolitisch erstarrte DDR auf absehbare Zeit nur vorsichtig zwischen Ost (Reformpolitik) und West lavieren müssen, ohne 1. die vertraglich festgelegte Blockdisziplin zu verletzen und 2. sich wirtschaftliche Vorteile aus ihrem Quasi-EG-Status (über den innerdeutschen Handel) entgehen zu lassen. Ende 1988, Anfang 1989 mußte sich die DDR-Führung unter Honecker angesichts der innenpolitischen Verhärtungen die politisch wie völkerrechtlich berechtigte Frage von Bundesministerin Wilms („für innerdeutsche Beziehungen") stellen lassen: „Wie gedenkt die DDR, den Verpflichtungen zu entsprechen, die sie im Zuge des KSZE-Prozesses übernommen hat?"[63] Da die DDR neben den anderen Staaten des Sowjetblocks zu den Unterzeichnern der jüngsten Wiener Schlußerklärung vom 15. Januar 1989 („Abschließendes Dokument des Wiener (KSZE-) Treffens 1986 ...")[64] gehört, setzt sie ihre internationale Glaubwürdigkeit aufs Spiel, wenn sie gegen die Prinzipien und darin verankerten Menschenrechtspakte dieses Vertragswerkes (eine Erneuerung und Bekräftigung der Menschenrechtspakte von 1966) wiederholt und spürbar verstößt. Denn in diesem Dokument bringt sie „ihre Entschlossenheit zum Ausdruck", „... die wirksame Ausübung der Menschenrechte und der Grundfreiheiten zu gewährleisten und zwischenmenschliche Kontakte und zwischenmenschliche Kommunikation zu erleichtern". Die Unterzeichnerstaaten, also auch die DDR, „bestätigen, daß sie die Menschenrechte und Grundfreiheiten, einschließlich der Gedanken-, Gewissens-, Religions- und Überzeugungsfreiheit, für alle ohne Unterschied der Rasse, des Geschlechts, der Sprache oder der Religion achten werden.... Sie bekunden ihre Entschlossenheit, die wirksame Ausübung der Menschenrechte und Grundfrei-

---

[63] Eduard Gloeckner: „Deutsche Frage und das Völkerrecht", in: „Der Tagesspiegel" vom 19. März 1989, S. 25. – In einer indirekten Replik zum Thema des Völkerrechts auf Selbstbestimmung und der offenen Frage der Einheit Deutschlands nahm am 23. März 1989 die (Ost-) „Berliner Zeitung" der SED, also die DDR-Staatspartei, ihre völkerrechtswidrige Haltung erneut ein und behauptete, daß mit dem Staatsbesuch Honeckers im Oktober 1987 in der Bundesrepublik Deutschland die Frage der Zweistaatlichkeit in Deutschland ein für allemal gelöst worden sei. Mit dieser Falschmeldung gesteht die DDR ein weiteres Mal ein, daß sie eindeutig vertragsbrüchig bleiben möchte. Denn in der Mitte Januar 1989 in Wien verabschiedeten Schlußerklärung verpflichtete sich auch die DDR verbindlich, das Recht der Völker auf Selbstbestimmung zu respektieren.
[64] Siehe „Europa-Archiv, 5. Folge, 10. März 1989, S. D 133 – D 161.

heiten zu garantieren ..."⁶⁵ Dieses hier nur kurz wiedergegebene Dokument könnte, sobald ein größerer Kreis der DDR-Bevölkerung es in Händen hielte und einklagen würde, zum systempolitischen Sprengstoff für das stalinistische SED-Regime werden: Diese Anfang 1989 vermutete Entwicklung in der DDR konnte dann in der Realität des Herbstes 1989 ihre volle Kraft entfalten; durch demonstrativen Druck der DDR-Bürger von unten, durch Einwirkung der westlichen Öffentlichkeit, durch die Auswirkung der osteuropäischen Reformbewegung und nicht zuletzt durch den Druck der Sowjetführung. Gorbatschow bekannte sich zur Rechtsprechung des Internationalen Gerichtshofs in Den Hague, als er am 7. Dezember 1988 vor den Vereinten Nationen ein deutliches Bekenntnis zu den Menschenrechtspakten von 1966 ablegte und forderte, alle (!) Staaten müßten sich diesen völkerrechtlichen Forderungen und Grundrechten verbunden fühlen.⁶⁶ Da sich ein derartiges Rechtsbewußtsein der sowjetkommunistischen Führungsmacht in den internationalen Beziehungen zwischen Ost und West als auch innerhalb der Staaten durchzusetzen beginnt, kommen die stalinistisch geprägten Machteliten in der DDR, der ČSSR, in Bulgarien und vor allem in Rumänien nicht nur außenpolitisch, sondern auch intern – im totalitären Umgang mit ihrer Bevölkerung, den „sozialistischen Untertanen" – auf absehbare Zeit in große Schwierigkeiten. In der DDR und in der ČSSR, aber auch sukzessive in Bulgarien, beginnen die Volksbewegungen und die innerpolitischen Erneuerungsprozesse sich auszuwirken: Die stalinistischen Herrschaftsstrukturen zerfallen, die Systeme öffnen sich. Sollten sich osteuropäische Reformregime und westliche Demokratien in einer menschenrechtlichen Allianz zusammenfinden, um Druck auf die stalinistischen Reste auszuüben, könnte das mittelfristig – vielleicht bis zur Jahrtausendwende – neue gesamteuropäische Perspektiven für die Völker dieses alten Kontinents eröffnen. Kann das Selbstbestimmungsrecht der Völker, wie in dem Wiener Dokument verbrieft, zur machtpolitischen Geltung kommen, ergäbe diese Entwicklung für die verfassungspolitische Option der Deutschen in der Bundesrepublik, in Freiheit das Selbstbestimmungsrecht für alle Deutschen anzustreben und durchzusetzen, eine historische Chance: die *staatliche* Einheit für das ganze deutsche Volk im europäischen Rahmen zu erreichen und ein friedliches demokratisches Gesamteuropa im Sinne einer kollektiven Sicherheit mitzutragen.

Die partielle Selbstbestimmung der Deutschen in der DDR wäre mit dieser Zielsetzung sicherlich eine wesentliche Etappe, jedoch nicht das verfassungspolitische Ziel der in Freiheit lebenden übergroßen Mehrheit des deutschen Volkes. Freilich müßten auch bestimmte Ängste und historisch bedingte Komplexe der europäischen Nachbarn, vor allem aber der vier ehemaligen Siegermächte, aus der Welt geräumt werden; auf dem Wege eines gesamteuropäischen Einigungsprozesses wäre das am ehesten möglich, – mit einer Friedensvertragskon-

---

⁶⁵ Europa-Archiv, op. cit., S. D 135, D 137.
⁶⁶ „Prawda" vom 8. Dezember 1988.

ferenz als Ziel. Für die gesamteuropäische und somit gesamtdeutsche Einbindung der DDR könnten auch Übergangsmodelle wie das einer gesamtdeutschen Konföderation auf der Grundlage einer EG-Assoziierung tauglich sein.[67]

---

[67] Der Zehn-Punkte-Plan von Bundeskanzler Helmut Kohl von Ende November 1989 sieht auf dem langen Weg zu einer die deutsche Einheit fördernden Föderation der beiden Staaten in Deutschland die Herausbildung „Konföderativer Strukturen" vor. SPD und FDP stimmen dem zu, – nach parteitaktischem Gezänk freilich. DDR-Ministerpräsident Hans Modrow nähert sich dieser Position an; seine Parole: Vertragsgemeinschaft.

Peter Meier-Bergfeld

PERESTROJKA UND GLASNOST IN DER DKP?

Perestrojka und Glasnost in der DKP? — Das ist — lange Zeit nach Gorbatschows Machtantritt — eine contradiction in adiecto gewesen. Aber nun sitzt die Partei zwischen Baum und Borke oder gewissermaßen zwischen den Großeltern in Moskau und den — unterhaltspflichtigen — Eltern in Ostberlin. Keine leichte Position für Parteichef Herbert Mies, der zwar Diplom-Volkswirt einer Moskauer Hochschule ist, aber dringend angewiesen auf ca. 65 Millionen Mark (DM) jährlich aus der DDR.

Der Partei geht es schlecht. Erstmals seit 15 Jahren ist die Mitgliederzahl unter 38 000 gesunken, das Zentralorgan „Unsere Zeit" (UZ) verzeichnet Auflagenschwund, und auch der Zustrom der Neugierigen zu den Sympathiewerbefesten (UZ-Fest, Festival der Sozialistischen Deutschen Arbeiterjugend ⟨zur SDAJ haben Manfred Wilke und Marion Brabant in diesem Jahr das Buch „Totalitäre Träumer" vorgelegt⟩) läßt nach. Waren etwa 1986 auf dem SDAJ-Festival noch 150 000 Menschen, so heuer nur noch 40 000.

Seit der „Neukonstituierung" der Partei 1968 unter dem Patronat Gustav Heinemanns und einer weiteren — bisher unbekannt gebliebenen, sehr hochgestellten Persönlichkeit der SPD (Wilhelm Mensing wird darüber demnächst ein spannendes Buch vorlegen), hat die Partei manche Stürme überstanden.

Zunächst war gleich die Besetzung der Tschechoslowakei durch Truppen des Warschauer Paktes zu „begrüßen", dann der Eurokommunismus abzulehnen, dann unter anderem die Biermann-Ausbürgerung (1976) aus der DDR zu verkraften, schließlich nach Tschernobyl die Atomkraft drüben zu verteidigen und hier zu verdammen, und selbst die Ankündigung des rumänischen Staats- und Parteichefs Nicolai Ceaucescus, deutsche und ungarische Dörfer gleich zu Hunderten zu zerstören, wurde in internationaler Solidarität verteidigt.

Und nun auch das noch: Gorbatschow. Die DKP hat es nicht leicht.

Bis zum 8. Parteitag 1986 schien die Welt noch einigermaßen in Ordnung. Inzwischen wird vom „Kampf der zwei Linien" gesprochen, zwischen sogenannten Traditionalisten und Erneuerern, man darf auch sagen, zwischen Stalinisten und Reformkommunisten, falls das Wort „Reformkommunisten" nicht auch ein Widerspruch in sich ist.

Es begann im August 1987, als das Hamburger DKP-Bezirkssekretariat ein Papier vorlegte mit dem Titel „Überlegungen zum krisenhaften Zustand der Partei". Der „Spiegel" zitierte (am 7. September 1987) daraus, und die Sache war nicht länger unter dem Deckel zu halten. In diesem Papier heißt es: „Viele Genossen haben den Eindruck, man könne weder mit noch in unserer Partei etwas bewegen." Vertrauensverluste seien zu verzeichnen, es herrsche Orientierungslosigkeit, Verunsicherung, Ratlosigkeit gegenüber den Veränderungen in der Sowjetunion. Unlust, Unzufriedenheit und Austritte bestimmten das Bild der Partei (vergleiche auch „Rheinischer Merkur" Nr. 27 vom 1. Juli 1988). Im Papier heißt es weiter: „Wir haben in den Augen unserer Kollegen eigentlich Dinge wider besseres Wissen behauptet, Mißstände wie Korruption, Machtmißbrauch, Inkompetenz und so weiter könne es im Sozialismus nicht geben..." Kann es aber offenbar doch, das durfte man in der DKP aber bis dato nicht sagen.

Die Parteiführung suchte sofort den Brand auszutreten. Die stellvertretende Parteivorsitzende Ellen Weber — Parteichef Mies weilte offiziell zur Kur — erkannte nur „die Handschrift des Verfassungsschutzes" (UZ vom 11. September 1987), und das Präsidium der DKP zog am 22. September 1987 die Notbremse: Die Hamburger hätten einen „ungesunden Avantgardismus" gezeigt. Hier taucht erstmals das Wort „ungesund" auf. Die Krankheitserklärung hat Tradition unter den Kommunisten. Sie ist immer beliebt, wenn man Abweichler als letzten Endes nicht ganz richtig im Kopf kennzeichnen will. Neuerdings soll Stalin ja paranoid gewesen sein, was Vorteile hätte: Es gäbe dann den gespaltenen Stalin, den guten vaterländischen Verteidiger und den kranken Verbrecher.

Außerdem, so das Präsidium der DKP, habe die Partei bereits eine gut funktionierende innerparteiliche Demokratie. Eine „schematische Übertragung" der Entwicklung in der Sowjetunion auf die DKP werde es nicht geben. Nicht jeder tapeziert eben, weil es der suspekte Nachbar gerade tut. Es werde aber mehr Transparenz geben, alle Diskussionsbeiträge auf Parteivorstandstagungen würden demnächst vollständig veröffentlicht. Das wurden sie aber nicht. Auf der nächsten Parteivorstandstagung (der achten) im November 1987 sprachen dann — laut Kommuniqué — 41 Redner, abgedruckt wurden nur 20 Beiträge. Allzuviel Glasnost wollte die DKP der Öffentlichkeit nicht zumuten. Jedenfalls: Das DKP-Präsidium erklärte am 22. September 1987: Die These von einem „krisenhaften Zustand" der Partei sei falsch.

Der DKP-Bezirksvorsitzende des Bezirkes Hamburg, Wolfgang Gehrcke, hauptverantwortlich für das Kritikerpapier, unterwarf sich. Er stimmte als Mitglied des Präsidiums der Verurteilung seines eigenen Papiers zu. Am 24. September 1987 erklärte er: „Die Einschätzung, die DKP sei in der Krise, ist falsch." Auch die Formel von der „Demokratisierung der DKP" werde zukünftig nicht weiter verwendet.

Dann unterwarf sich das Hamburger Bezirkssekretariat und erklärte am 20. November 1987: Es mache sich „die in der Stellungnahme des Präsidiums formulierten grundlegenden Kritikpunkte" zu eigen.

Nun war der Weg frei für „administrative Maßnahmen".

Zuerst traf es den Hamburger Andreas Müller-Goldenstedt, Mitglied im Hamburger Bezirksvorstand. Der hatte nämlich in einem Interview mit der „taz" am 6. Oktober 1987 – also trotzig noch nachdem das Präsidium gesprochen hatte – eine Demokratisierung der Partei gefordert und die DDR nicht überall nur gelobt. Noch am gleichen Tage leitete der Hamburger Vorsitzende Gehrcke, der ja selbst gerade erst revoziert hatte, ein Parteiordnungsverfahren gegen Müller-Goldenstedt ein. Drastisch äußerte er sich ihm gegenüber: „Genosse, Du hast Scheiße gebaut!"

Müller-Goldenstedt war schon früher mit Tschernobyl-kritischen Äußerungen aufgefallen, war aber auch in der Bevökerung Hamburgs vergleichsweise bekannt und populär. So mußte er nur seine „falschen Positionen" korrigieren. Das Verfahren endete – so die „taz" vom 15. März 1988 – mit einer „Verwarnung".

Auch gegen das DKP-Mitglied Helmut Krebs (vormals DKP-Kreisvorstand Karlsruhe) wurde ein Parteiordnungsverfahren eingeleitet. Krebs hatte ein Papier mit dem Titel „Wie weiter, DKP?" verfaßt und innerhalb der Partei verbreitet. Darin heißt es, die DKP habe die Labilität des kapitalistischen Systems immer überschätzt. Leider sei der Kapitalismus kein sterbender, sondern quicklebendig, nur – auch dies leider – ließen sich Mängelerscheinungen im Sozialismus nicht länger leugnen. Sozialistische Umgestaltung werde daher von der Arbeiterklasse in der Bundesrepublik Deutschland nur mitgetragen, wenn das ohne Eingriffe in den Wohlstand und ohne Verletzung von Freiheits- und Menschenrechten verlaufe. Gefordert sei deshalb ein „friedlicher Weg" der Revolution ohne Konspirationen, ohne Putsch oder Waffengewalt. In diesem Punkt sei das Programm der DKP aber „ziemlich verwaschen". Krebs fügt dann hinzu: „Da werden Möglichkeiten und Präferenzen genannt (ständig heißt es nur, die DKP ‚strebt an', ‚hängt ab von' etc.), aber klare und eindeutige Feststellungen im Hinblick auf die Beschränkung der Kampfmittel, auf den Verzicht nichtverfassungsgemäßer Gewalt fehlen." Die Identifikation der DKP mit dem „realen Sozialismus" – so Krebs weiter – sei problematisch, weil dieser auch mit Stagnation, Bürokratismus und Mängeln der Demokratie bis hin zur Hypothek des Stalinschen Terrors belastet sei. Die DKP habe wichtige Veränderungen „verschlafen" und häufig dogmatisch reagiert (etwa beim Problem Kernenergie). Zu Gorbatschows Reformen im Verhältnis zur DKP schreibt Krebs sodann: „Die wirtschaftspolitischen Reformen werden in unserer Propaganda breiter herausgestellt als die Demokratisierung und die neue Informationspolitik. Hängt das damit zusammen, daß wir gerade im Bereich der Demokratie Mängel abgestritten haben ... und die ätzende Kritik Gorbatschows uns quasi in den Rücken fällt? Hängt das damit zusammen, daß die DKP-Parteiführung bemüht ist, möglichst wenige Übertragungen der Reformideen für die Entwicklung unserer eigenen innerparteilichen Demokratie zuzulassen?"

Dem Mann konnte inzwischen geholfen werden. Nach meinen Informationen ist er aus der Partei ausgeschlossen worden. In Erlangen – nur als Beispiel für viele – drei weitere Genossen. Von 1986–1988 hat es 76 Parteiordnungsverfahren gegeben.

In einem dritten Fall handelt es sich um Erasmus Schöfer. Ihm hat man bisher nur gedroht. So viele Schriftsteller hat die DKP ja nicht mehr aufzuweisen. Schon in der UZ vom 21. Februar 1987 sah er in seiner Partei nur noch das „Bild eines abweisenden und leblosen eiszeitlichen Findlings". In den „Marxistischen Blättern 1/1988" hatte Schöfer die „Doppelzüngigkeit" der Partei angegriffen. Er schilderte auch einen Zensureingriff der UZ: „Vor einigen Jahren wurde ich von der Redaktion der UZ aufgefordert, einen kleinen Artikel zum Geburtstag Bertolt Brechts zu verfassen. Da mir das Gedicht ‚Lob des Zweifels' ... sehr aktuell erschien, stellte ich es in den Mittelpunkt meiner Betrachtung. Die Redaktion verwarf meinen Artikel und druckte, nun in Zeitnot, kurzerhand ein anderes Brecht-Gedicht. Es war das ebenso bekannte ‚Wer aber ist die Partei?'." In der März-Ausgabe 1988 der „Marxistischen Blätter" kanzelte das Mitglied des DKP-Bezirksvorstandes Nordbayern, Reinhard Hanausch, Schöfer dergestalt ab: „Summa summarum habe ich die Befürchtung, daß Schöfer ... der Ansicht ist, wir bräuchten eine andere Partei mit einem anderen Programm und anderen Organisationsprinzipien (...) Ich sage offen, daß ich solche politischen Absichten politisch bekämpfen werde und daß ich meine, daß sie in unserer Partei nicht über längere Zeit geduldet werden sollten, weil sonst die Gefahr besteht, daß die Partei ernsthaft Schaden nimmt." Bis dato habe ich Ihnen gewissermaßen die untere Ebene geschildert, was mehr oder weniger kleine Leute (in der Parteihierarchie) gesagt und gemacht haben – und was ihnen darauf in der DKP geschah.

Die „große" Politik der DKP nahm aber ihren Fortgang – und wurde immer verworrener.

Die 11. Tagung des Parteivorstandes vom 9./10. April 1988 in Düsseldorf war nicht in der Lage (ein absolutes Novum in der Parteigeschichte), den Entwurf eines neuen programmatischen Dokuments „BRD 2000" zu verabschieden. Die Formel Gorbatschows von „Demokratisierung" wurde nicht ausdrücklich aufgegriffen und zur Perestrojka hieß es lediglich, diese trage dazu bei, vor allem die ökonomische Kraft der Sowjetunion zu entwickeln. Da eine Verabschiedung des Dokuments nicht möglich war, wurde – beliebt bei allen Parteien – eine Kommission eingesetzt, um den Entwurf zu überarbeiten. In diese Kommission wurden auch „Neuerer" aufgenommen. Dieser neue Entwurf wurde auf der 12. Tagung des Parteivorstandes am 17./18. Juni 1988 in Düsseldorf angenommen. Inzwischen ist Herbert Mies, der Parteichef, davon abgerückt, ihn endgültig auf dem 9. Parteitag der DKP in Frankfurt/Main im Januar 1989 absegnen zu lassen. (Es kann jetzt hinzugesetzt werden: Die Beobachtung des Parteitages zeigte, daß dies auch ganz und gar unmöglich gewesen wäre. Es geschah auch nicht.) Die Kritik daran ist zu groß geworden. Auch das Thema für das kommende Bildungsjahr der DKP „70 Jahre KPD und die sowjetische Geschichte" ist aus der Parteiarbeit abgesetzt worden. Parteivorstandsmitglied Hasso Ehinger aus Stuttgart erklärte – auf dieser letztgenannten Sitzung – offen: „Das finde ich äußerst dünn, das entspricht überhaupt nicht dem, was viele Genossinnen und Genossen bewegt und begeistert (...). Da kann man zwar sagen, angetippt ist in diesem Absatz alles, aber in einer Sprache, wo man schon sagen muß, daß da irgendwo ein gewisses distanziertes Verhältnis zu den Veränderungen in der Sowjetunion vorliegen muß." (Zitiert nach: „Innere Sicherheit", herausgegeben vom Bundesminister des Innern, 4/88, Seite 4).

Da hat er recht. Das Papier ist vorsichtig und unklar. Die „Friedenspolitik" der Sowjetunion steht an erster Stelle. Statt „Demokratisierung" (Gorbatschow) heißt es „weitere Demokratisierung". Die – vorläufige – Einigungsformel las sich so: „Unübersehbar ist der Zusammenhang zwischen der zunehmenden Ausstrahlungs-, Anziehungs- und Überzeugungskraft der Friedenspolitik der Sowjetunion und der konsequenten Weiterführung des inneren Umgestaltungsprozesses von Perestrojka, Glasnost und der weiteren Demokratisierung des Sozialismus. Diese sich durchsetzende moderne sozialistische und kommunistische Entwicklungslogik ist nicht nur für uns Kommunistinnen und Kommunisten in der Bundesrepublik eine Quelle der Kraft und der Zuversicht, sie vermittelt allen demokratischen und linken Kräften neue Denkanstöße und neue Motivation."

Aber es geht weiter: Am 30. Juli 1988 (so berichtet die UZ vom 2. Juli 1988) gab es eine Pressekonferenz der Partei in Bonn. Die UZ dazu: „Herbert Mies wies Vorstellungen über ‚zwei programmatische Linien' in der Partei zurück!"

Am 7. September 1988 wußte die gleiche UZ zu berichten (über die 13. Tagung des Parteivorstandes am 3./4. September 1988 in Düsseldorf): „Mit Blick auf ‚alle möglichen in der Partei kursierenden Papiere' sprach der Parteivorsitzende von der Existenz zweier Linien in der DKP."

Es war heraus. Herbert Mies hatte die Wahrheit gesagt und nach dem Verlauf dieser hochdramatischen 13. Tagung des Parteivorstandes war das auch gar nicht mehr anders möglich.

Erstmals in der Geschichte der Deutschen Kommunistischen Partei hatten ca. 20 Prozent (18 von 94 Parteivorstandsmitgliedern) die Gefolgschaft aufgekündigt und nicht mit der allgemeinen Linie gestimmt. Das ist nun wirklich eine Sensation.

Auch in der Arbeitsgruppe, die den Entwurf mit dem Titel „Zur Lage und künftigen Entwicklung der DKP" erarbeiten sollte, war keine Einigung zu erzielen. Sechs von ihren 20 Mitgliedern legten ein Minderheitenvotum vor. Sie warfen der Partei Dogmatismus, bürokratischen Zentralismus, Inkompetenz der Führung, Frauenunfreundlichkeit, Überalterung und Antiintellektualismus vor. Etwas völlig Unerhörtes! Diese sechs sind: Hans-Georg Eberhard, Dieter Gautier (Vorsitzender des DKP-Bezirks Bremen), Thomas Harms, Steffen Lehndorff (ehemals MSB-Spartakus), Thomas Rieke und Ulrike Schröder. Sie hatten als Parteivorstandsmitglieder auch alle auf der Parteivorstandsdiskussion gesprochen oder doch wenigstens ihre Beiträge schriftlich eingereicht. Bei der Schlußabstimmung, als eben 18 von 94 Mitgliedern nicht zustimmen, rief Uwe Knickrehm (ehemals Bundesvorsitzender des MSB-Spartakus) in den Saal: „Alle unter 40!"

So ist es: Die Dissidenten kommen vor allem aus der Kinder-, Jugend- und Studentenarbeit der Partei. Es wirkt sich jetzt aus, daß ein Drittel der DKP-Mitglieder Akademiker sind, und Bündnispolitik, das Miteinander mit anderen sozialistischen oder sogar demokratischen Bewegungen, eben doch keine Einbahnstraße ist. Auch kann man nicht ungestraft zur Frauenemanzipation aufrufen in einer Partei, in der nur zehn Prozent der Mitglieder in Präsidium und Sekretariat Frauen sind, in der Mitgliedschaft aber 47 Prozent („taz" vom 22. September 1988).

Die Hochburgen der „Erneuerer" sind: Bremen, Köln, Hamburg, Stuttgart. Vereinzelt finden sie sich in: Essen, Karlsruhe, Erlangen, nicht in Bottrop oder Bayern. Ihre Mitglieder sind akademisch gebildete (Ex-)Angehörige von SDAJ und MSB-Spartakus. Im Parteivorstand spricht man mittlerweile von den Menschewiki. (Das wäre – im Wortsinne – früher lebensgefährlich gewesen.)

Ich will Ihnen aber doch noch einen etwas längeren Originaleinblick in die Diskussion im DKP-Parteivorstand geben. An ausgewählten Beispielen: Zunächst geht es um die Kontroverse zwischen dem Schriftsteller Peter Schütt mit dem Chefredakteur der „Marxistischen Blätter", Robert Steigerwald. Auf eben dieser 13. Tagung des Parteivorstandes der DKP führte der Schriftsteller Peter Schütt aus: „Stalin, das ist kein Betriebsunfall in der Erfolgsgeschichte des sozialistischen Aufbaus, sondern, um Johannes R. Becher zu zitieren, eine Jahrhunderttragödie, die auf unsere Bewegung weltweit einen Schatten geworfen hat, der vermutlich noch weit in das neue Jahrtausend hineinreichen wird. Stalin ist für Verbrechen verantwortlich, die sich nur mit den Massenmorden Hitlers vergleichen lassen. Die Zahl seiner Opfer liegt vermutlich bei über 20 Millionen und kommt damit jenen Angaben nahe, die Solschenizyn in seinem berüchtigten ‚Archipel Gulag' gemacht hat. Ein Buch, das wir, das auch ich vor vierzehn Jahren, als es zum ersten Mal im Westen erschien, geradezu als Teufelswerk aus der Giftküche des Antisowjetismus gebrandmarkt haben. . . . Es gibt keinen Grund anzunehmen, daß ausgerechnet wir von diesen Deformationen verschont geblieben wären, zumal bei uns deutschen Kommunisten die Treue zur Sowjetunion – das war zuerst die Sowjetunion von Stalin und Breschnew –

das Hauptkriterium für die Standhaftigkeit der Genossen gewesen ist.... Der Apparat unserer Partei, das System der hauptamtlichen Kader, der Berufsrevolutionäre, der Lebenszeitbeamten ist für mich in seinem undurchschaubar geheimnisvollen Aufbau letzten Endes auch ein Relikt aus der Zeit Stalins. Er bildet eine Partei in der Partei, er verfügt offenkundig über eigene Informations- und Kommunikationswege und enthält wie die berühmte Puppe in der Puppe weitere innere Zirkel.

Robert Steigerwald dagegen erklärte: „Ich meine, die Farbe der Flagge, die wir da gezeigt bekommen, ist nicht rot. Zumindest nicht durchgängig rot. Darum werde ich gegen diesen Minderheitenentwurf stimmen, oder anders gesagt: Diese Flagge müßte man meines Erachtens einziehen.... Es gibt in dieser Konzeption noch einen Kardinalfehler. Daß die Sowjetunion, eine Weltmacht, die globalen Probleme in ganz erheblichem Ausmaß als außenpolitische Fragen angehen muß, daß sie dies in antagonistischer Kooperation mit dem anderen Weltsystem anstreben muß, verleiht den theoretischen und praktischen Äußerungen der sowjetischen Genossen mit Notwendigkeit einen klassenübergreifenden Aspekt, den es gerade bei uns in dieser Weise nicht geben kann; ... Hier wird gedankenlos etwas, was für die Sowjetunion richtig ist, auf uns übertragen. Ich denke, man muß diese These im Gegenpapier, die dort von zentraler Bedeutung ist, entschieden ablehnen. Sie stellt keine Weiterentwicklung des Marxismus, kein neues Denken, keine richtige Lösung herangereifter neuer Fragen dar, sondern unter dieser falschen Ankündigung die Ersetzung oder mindestens weitgehende Relativierung unserer Klassenorientierung durch dazu auch noch theoretisch und politisch falsches allgemeinmenschliches Gerede. Diese falsche These betrifft aber die Identität unserer Partei als einer kommunistischen, und darum muß man sie ablehnen."

Auf der 14. Tagung des Parteivorstandes am 15./16. Oktober 1988 in Düsseldorf suchte Herbert Mies (Zentrist) erneut den Schaden zu begrenzen. Es wurde aber deutlich (auch wenn man zum Beispiel die Pro- und Contra-Leserbriefe in der UZ auszählt), daß Mies sich tatsächlich ganz auf die Seite der Steigerwald, Willi Gerns, Heinz Czymek (der „Bottroper Gesamtarbeiter", wie er im Parteijargon genannt wird) schlägt. Mies warnt vor einer „falschen Solidarisierung mit der anderen Linie". Es dürfe keinen Bruch mit den Prinzipien der Partei, kein Abgehen vom Charakter der DKP als „revolutionärer Partei der Arbeiterklasse" geben. Eine „Dezentralisierung an sich" sei falsch. Es müsse in der Partei „eine abgestimmte, strukturierte Dezentralisierung stattfinden, durch die die Einheit gewahrt bleibt" (Deutscher Informationsdienst Nr. 9/1988, S. 13). Kommissionen sind nun wieder angesagt; eine achtköpfige aus der Mitte des Parteivorstandes, zusammen mit dem Parteivorstand, schlägt Mies zur Reorganisation des Präsidiums und des Parteivorstandes vor. Die Zahl der Mitglieder des Präsidiums und des Sekretariats soll von 24 auf 18 verkleinert werden. Damit wäre sowohl die Möglichkeit gegeben, allzu harte Betonköpfe hinauszuwerfen, aber auch die, Aufmüpfige zu entmachten. Da zugleich gefordert wird, eine Jugendkommission beim Parteivorsitzenden einzurichten (wörtlich: „Rückführung der vollen Verantwortung für die Jugend an den Parteivorsitzenden"), halte ich das letztere für sehr wahrscheinlich. Die weitere Debatte um das Programm BRD 2000" wurde auf die Zeit nach dem nächsten Parteitag verschoben.

Es brennt jedenfalls in der DKP. Wirklich Ungeheuerliches tut sich: Parteichef Herbert Mies wurde in seinem Bezirk nur mit knapper Not an drittletzter Stelle als Delegierter auf der Kreisdelegiertenkonferenz zum 9. Parteitag in Frankfurt nominiert. Kurt Erlebach, Generalsekretär und Sekretariatsmitglied der Vereinigung der Verfolgten des Nazi-Regimes (VVN), Parteivorstandsmitglied der DKP, fiel in Hamburg gar durch, und Willie Gerns, Chefideologe, Mitglied des Präsidiums und des Sekretariats der Partei, wurde in Bremen gar nicht delegiert. Alle drei sind aber „geborene" Delegierte zum Parteitag.

Vieles in der Partei ist einfach nicht mehr vermittelbar. Wenn der Genosse gerade noch an der Volkszählungsboykottfront kämpfte, er zu Hause aber die sogenannte „Erfassungskarte" bei der Umtauschaktion für die DKP-Mitgliedsbücher (die regelmäßig zur Kontrolle der Mitglieder stattfindet) vorfindet, darin detailliert über Bildungsweg, Arbeitsstätten, Aktivitäten in Partei und Gewerkschaften (diese Aktivität ist Pflicht), Teilnahme an Parteischulungen und Spendenfreudigkeit ausgefragt wird, ist für viele Parteimitglieder einfach Schluß. Da helfen auch die Billigpreis-Urlaube in der DDR nicht mehr und nicht die freie, kostspielige medizinische Behandlung in Ostberlin. Daß die Kaderakten der DK DKP dort aufbewahrt werden, kann ja noch Sinn machen (der westdeutschen Polizei ist ja nicht zu trauen), aber insgesamt greift eine Sinnkrise um sich. Herbert Mies versucht zu retten, was zu retten ist. In der UZ vom 14. Oktober 1988 schiebt er die Partei erst einmal in den Aktionismus, sagt aber dann ganz klar, „daß die Existenz zweier oder mehrerer Linien mit dem Wesen, dem Charakter, der Einheit einer kommunistischen Partei auf Dauer unvereinbar ist" (S. 15). Mit diesem Beitrag vertagt er die Diskussion auch des Papieres „Zur Lage ... der DKP" auf die Zeit nach dem 9. Parteitag. Es dürfe keinen „Bruch mit Prinzipien, kein Abgehen vom Charakter der DKP als revolutionäre Arbeiterpartei" geben. Sogar das Wort „Spaltung" fällt. Seine Arbeit, so Mies, diene der „Wiederherstellung der Einheit auf klaren Positionen, der Einigung der Partei auf eine einheitliche Linie, auf der Grundlage des richtigen Verständnisses des Prinzips des demokratischen Zentralismus". Eine Öffnung hin zu einer „pluralistischen Partei" lehnt er entschieden ab. Mit Mies ist keine neue DKP zu machen. Er identifiziert sich mit Willi Gerns, so auch — mein jüngster Kenntnisstand — in einem Beitrag vom 11. November 1988 in der UZ. Hier fällt das Todes-Urteilswort von der „Fraktionstätigkeit", mit der „die betreffenden Genossinnen und Genossen ihren Verbleib in der Partei selbst in Frage stellen".

Allerdings reicht meines Erachtens die Zeit nicht bis zum Parteitag, die „andere Linie" administrativ zu erledigen. Man darf gespannt sein, ober der nächste Parteitag der DKP — wie der von 1986 — wieder live mehrere Stunden täglich vom DDR-Fernsehen übertragen werden wird. Ich glaube eher nicht.

P.S.: Als Nachtrag wäre eventuell mein Beitrag über den 9. Parteitag der DKP in Frankfurt/Main im „Rheinischen Merkur" vom 13. Januar 1989 zu lesen.

Konrad Löw

GORBATSCHOWS IDEOLOGISCHER SPIELRAUM

I. Eine Reihe von Fragen

Am 11. März 1985 wurde Michail Gorbatschow zum Generalsekretär der KPdSU bestellt. Wenige Wochen vorher, im Februar 1985, schrieb ich in einem Beitrag für die Bayerische Staatszeitung: „Breschnew, Andropow und Tschernenko sind Exponenten einer Gerontokratie. Alt und altersschwach ist auch die Ideologie. In der Politik ist der Generationenwechsel überfällig. Ist es wirklich reine Utopie zu hoffen, daß sich unter den jüngeren sowjetischen Kommunisten anständige Leute befinden, die schrittchenweise die Konsequenzen aus den leeren Versprechungen des Marxismus-Leninismus ziehen, denen das Glück der Mitmenschen mehr wert ist als die eigene Macht? Was 1968 in der Tschechoslowakei geschah, kam, auch für Eingeweihte, völlig überraschend. Gerade die Mitglieder der dortigen KP galten als die linientreuesten. Und trotzdem haben sie, fast ausnahmslos, den Prager Frühling mitgetragen. Derlei ist, bei allen Besonderheiten, auch in der Sowjetunion nicht völlig undenkbar. Das ist unsere Hoffnung, das ist die Chance der freien Welt, der Menschen in Ost und West."[1]

Wir fragen uns heute: Ist Gorbatschow der Erhoffte? Ist die Chance Wirklichkeit geworden?

Eine Reihe weiterer Fragen drängt sich auf: Was will Gorbatschow letztlich? Wenn er das von uns Erhoffte will, welche Kräfte können sich ihm erfolgreich in den Weg stellen oder andererseits sein Erfolgsprogramm mittragen, und zwar in der Sowjetunion, im sozialistischen Lager ganz allgemein?

Die Haltung der DDR gegenüber der Reformpolitik Gorbatschows war das Thema unserer Veranstaltung gestern und heute. Wesensmerkmal aller sozialistischen Staaten ist das Bekenntnis zum Marxismus-Leninismus, das die Verfassung der DDR schon im ersten Absatz des 1. Artikels ablegt: „Die Deutsche Demokratische Republik ... ist die politische Organisation der Werktätigen in Stadt und Land unter Führung der Arbeiterklasse und ihrer marxistisch-leninistischen Partei."

---

[1] Konrad Löw: „Noch ist Deutschland nicht verloren", in: BLZ-Report/Der Staatsbürger/Febr. 1985/Beilage der Bayerischen Staatszeitung, S. 8.

Die Frage, die jetzt beantwortet werden soll, lautet: Welchen Spielraum hat Gorbatschow auf der Basis des Marxismus-Leninismus? Wie weit kann er gehen, ohne daß er als Häretiker, Ketzer oder gar Apostat in die Geschichte des Marxismus-Leninismus eingeht?

II. Dogmatik, Dialektik, Diabolik

1. „... innerhalb des Sozialismus ..."

Gorbatschows Glasnost-Perestroika-Offensive erntet Beifall, weckt Erwartungen, aber nicht nur. Die Orthodoxen im Kreml, auch wenn sie, wie Ligatschow, in den Hintergrund gedrängt worden sind, haben die Bühne der Macht nicht verlassen. Ost-Berlin tut so, als sei das alles lediglich eine innere Angelegenheit der Sowjetunion. Radio Budapest berichtet: Viele Ungarn betrachten die Reformpolitik als Ketzerei.[2] In Albanien ist diese Kritik geradezu Parteimaxime.

Radio Tirana befragte den Inhaber des „Lehrstuhls für den Kampf gegen den Revisionismus" an der Parteihochschule „Wladimir Iljitsch Lenin": „Können Sie ... uns bitte sagen, was die sowjetischen Revisionisten damit bezwecken, wenn sie den Sozialismus mit solchen Beiworten belegen wie ‚voluntaristisch' oder ‚bürokratisch'?"

Antwort: „Indem die sowjetischen Revisionisten den Sozialismus tatsächlich in solchen Farben darstellen, zielen sie darauf ab, ihn in Mißkredit zu bringen und die Massen von ihrem Kampf für den Sozialismus abzubringen. Sie schlagen den Weg der Sozialdemokratie ein und behaupten, den sogenannten staatlichen Sozialismus durch einen demokratischen selbstverwalteten Sozialismus zu ersetzen, der nach ihrer Meinung ein leninistischer Sozialismus sei. In Wirklichkeit verwenden die sowjetischen Revisionisten die Begriffe ‚Demokratie' und ‚Selbstverwaltung', um den Staat, die Diktatur des Proletariats anzugreifen ... Der Sozialismus, den die sowjetischen Revisionisten predigen, ist gar nicht leninistisch ... Lenin hat nie über einen sogenannten selbstverwalteten Sozialismus oder einen demokratischen Sozialismus gesprochen ... Die politischen und wirtschaftlichen Reformen wie Perestrojka, Glasnost und das neue Denken Gorbatschows zielen in Wirklichkeit darauf ab, auch die noch von früher aufrechterhaltenen sozialistischen Formen abzuschaffen und auf den Weg des klassischen Kapitalismus zurückzukehren ... Abschließend möchte ich betonen, daß der von den sowjetischen Revisionisten gepredigte Sozialismus danach strebt, die heutige kapitalistische Gesellschaft zu verewigen."[3]

Haben Gorbatschows Kritiker überhört, daß er sich immer wieder vorbehaltlos zum Marxismus-Leninismus bekennt und nachdrücklich beteuert: „Nicht

---

[2] Radio Budapest 16.11.1987, 13.29 MEZ: Sendung für Österreich.
[3] Radio Tirana 30.5.1988, 6.19 MEZ: Sendung in deutscher Sprache.

außerhalb, sondern innerhalb des Sozialismus suchen wir nach Antworten auf die Fragen, die sich uns stellen."⁴ Gorbatschow sagt auch, was er meint, wenn er von Sozialismus spricht: „Sozialismus ist die schöpferische Kraft der Massen."⁵ „Mehr Sozialismus bedeutet mehr Dynamik, Elan und schöpferische Anstrengung, mehr Organisation, Gesetz und Ordnung, mehr wissenschaftliche Methodik und Initiative in der Wirtschaftsführung und Effizienz in der Administration sowie ein besseres und reicheres Leben für das Volk ... Mehr Sozialismus bedeutet mehr Patriotismus und Streben nach hohen Idealen, mehr aktives Interesse der Bürger an den inneren Angelegenheiten des Landes und deren positiven Einfluß auf die internationalen Angelegenheiten."⁶

Diese Beschreibung des Sozialismus liest sich teils wie die Büroordnung eines mittelständischen Unternehmens im 19. Jahrhundert, teils wie ein Wunschzettel an das Christkind. Kein Wunder, daß dieser „Sozialismus" Verwirrung stiftet. Und was aus Ungarn berichtet wird, dürfte sich auch andernorts zutragen: „Ungarische Parteifunktionäre sprechen offen davon, daß es über den Charakter und das Wesen des Sozialismus in der ungarischen KP keine einheitlichen Auffassungen mehr gibt, daß keine Klarheit über den Charakter des sozialistischen Eigentums herrscht und daß von den 850 000 Parteimitgliedern in jüngster Zeit etwa 5 vom Hundert — das wären mehr als 40 000 — die Partei entweder von sich aus verließen oder aber ausgeschlossen wurden."⁷

2. Waren die Klassiker des Sozialismus Dogmatiker?

Gorbatschow beruft sich immer wieder auf Lenin, aber auch unüberhörbar deutlich auf Marx: „... die marxistische Lehre ist heute relevanter denn je."⁸

Wie lauten die Dogmen des Marxismus-Leninismus, von denen man sich nicht abwenden darf, ohne Marx, Engels und Lenin zu verraten? Waren diese Männer überhaupt Dogmatiker?

Darauf gibt es keine eindeutige Antwort. *Äußerungen* von Marx und Engels legen ein Nein nahe.

Marx: „Ich bin daher nicht dafür, daß wir eine dogmatische Fahne aufpflanzen, im Gegenteil ... Wir treten dann nicht der Welt doktrinär mit einem neuen Prinzip entgegen: Hier ist die Wahrheit, hier kniee nieder! ... Unser Wahlspruch muß also sein: Reform des Bewußtseins nicht durch Dogmen, sondern durch Analysierung des mystischen, sich selbst unklaren Bewußtseins, trete es nun religiös oder politisch auf."⁹

---
⁴ Michail Gorbatschow: Perestrojka — die zweite russische Revolution, München 1987, S. 42.
⁵ (wie Anm. 4) S. 32.
⁶ (wie Anm. 4) S. 43.
⁷ Die Welt 16.4.1988.
⁸ (wie Anm. 4) S. 59.

Engels: „Unsere Theorie ist eine Theorie, die sich entwickelt, kein Dogma, das man auswendig lernt und mechanisch wiederholt."[10]

Und nochmals Engels: „Die Deutschen haben nun einmal nicht verstanden, von ihrer Theorie aus den Hebel anzusetzen, der die amerikanischen Massen in Bewegung setzen konnte; sie verstehen die Theorie großenteils selbst nicht und behandeln sie doktrinär und dogmatisch als etwas, das auswendig gelernt werden muß, dann aber auch allen Bedürfnissen ohne weiteres genügt. Es ist ihnen ein Credo, keine Anleitung zum Handeln."[11]

Gegen die Beweiskraft dieser Zitate läßt sich einwenden: Die Verurteilung des Dogmatismus durch Marx stammt aus dem Jahre 1843, also aus der „vorkommunistischen Periode". Der Kommunist Marx hat den Dogmatismus nicht ausdrücklich verurteilt. Die Engels-Zitate entstanden in der Zeit nach Marx's Tod, also nach 1883, als Engels auch anderes revidierte. Zwischen 1844 und 1883 haben sie gemeinsam ein Dogmengebäude errichtet, zumindest sind viele ihrer Thesen streng apodiktisch formuliert, wurden als „Gesetz" ausgegeben.

So äußerte beispielsweise Engels am offenen Grab von Marx: „Wie Darwin das Gesetz der Entwicklung der organischen Natur, so entdeckte Marx das Entwicklungsgesetz der menschlichen Geschichte..."[12] Das war aber nicht nur eine der üblichen Grabelogen, vielmehr hat er diese „Verdienste" auch später noch mit ähnlichen Worten gepriesen: „Es war gerade Marx, der das große Bewegungsgesetz der Geschichte zuerst entdeckt hatte, das Gesetz, wonach alle geschichtlichen Kämpfe, ob sie auf politischem, religiösem, philosophischem oder sonst ideologischem Gebiet vor sich gehen, in der Tat nur der mehr oder weniger deutliche Ausdruck von Kämpfen gesellschaftlicher Klassen sind, und daß die Existenz und damit auch die Kollisionen dieser Klassen wieder bedingt sind durch den Entwicklungsgrad ihrer ökonomischen Lage, durch die Art und Weise ihrer Produktion und ihres dadurch bedingten Austausches. Dieses Gesetz, das für die Geschichte dieselbe Bedeutung hat wie das Gesetz von der Verwandlung der Energie für die Naturwissenschaft – dieses Gesetz gab ihm ... den Schlüssel zum Verständnis der Geschichte..."[13]

Marx selbst spricht im „Kapital" an vielen Stellen von „Gesetzen", von den „immanenten Gesetzen der einfachen Warenzirkulation"[14], den „ewigen Gesetzen des Warenaustausches"[15] usw.

Letztlich ausschlaggebend dürfte sein, daß sie, vor die Alternative gestellt: Revolution oder konsequentes Beschreiten des in der Theorie vorgezeigten Weges – sehr wohl die Gelegenheit zur Revolution beim Schopf gepackt hätten.

---

[9] Karl Marx/Friedrich Engels: Werke, 42 Bände, Berlin (Ost) 1967, ff. 1, 344 f.
[10] (wie Anm. 9) 36, 597.
[11] (wie Anm. 9) 36, 578.
[12] (wie Anm. 9) 19, 337.
[13] (wie Anm. 9), 21, 249.
[14] (wie Anm. 9) 23, 172.
[15] (wie Anm. 9) 23, 208.

Dafür ein Beispiel: Eine führende russische Sozialistin, Vera Sassulitsch, Mitbegründerin der marxistischen Gruppe „Befreiung der Arbeit", wandte sich brieflich – knapp zwei Jahre vor seinem Tod – an Marx und bat ihn, er möge die russische Dorfgemeinde mit ihrem Kollektiveigentum an den landwirtschaftlichen Flächen in sein System einordnen, da die Meinungen unter seinen russischen Anhängern geteilt seien. Welche Schwierigkeiten sie damit Marx bereitete, geht daraus hervor, daß er vier Entwürfe verfaßte, im Schnitt um ein Vielfaches länger als das letztlich abgeschickte Antwortschreiben, in dem es einleitend heißt:

„Eine Nervenkrankheit, die mich seit zehn Jahren periodisch befällt, hat mich gehindert, früher auf Ihren Brief vom 16. Februar zu antworten. Ich bedauere, Ihnen keine bündige, für die Öffentlichkeit bestimmte Auskunft über die Frage geben zu können, die Sie an mich zu stellen mir die Ehre erwiesen haben. Es sind bereits Monate vergangen, seitdem ich dem St. Petersburger Komitee eine Arbeit über Gegenstand versprochen habe. Dennoch hoffe ich, daß einige Zeilen genügen werden, um Sie von jedem Zweifel über das Mißverständnis hinsichtlich meiner sogenannten Theorie zu befreien."[16]

Abschließend deutet er vorsichtig an, „daß diese Dorfgemeinde der Stützpunkt der sozialen Wiedergeburt ist; damit sie aber in diesem Sinne wirken kann, müßte man zuerst die störenden Einflüsse, die von allen Seiten auf sie einstürmen, beseitigen..."[17]

Der Grund für diese unschlüssige, zögernde Antwort war sicherlich der, daß er einerseits sechs Jahre früher eindeutig den orthodoxen Standpunkt vertreten hatte,[18] andererseits aber in erster Linie als Revolutionär und nicht als Dogmatiker fühlte, er und sein Schaffen in Rußland den meisten Anklang gefunden hatten und er die Machtergreifung seiner Gefolgsleute unbedenklich mit der rhetorisch zu kaschierenden Preisgabe seiner Doktrin erkauft hätte. Das heißt, der Pragmatiker Marx hätte, wie Lenin 1917, in Rußland Revolution gemacht – gegen Marx, den Theoretiker.

Die dogmatischen Fesseln, die Marx bei Abfassung seiner Antwort so sehr behinderten, hat Lenin gesprengt, als im kriegsmüden, hungrigen Rußland der Boden für eine grundlegende Umgestaltung der Verhältnisse bereitet schien. Seine Oktoberrevolution verstieß in sechsfacher Hinsicht gegen die Marx-Engelsschen Vorgaben:

a) Nach Marx vollzieht sich der revolutionäre Prozeß zunächst im Bereich der Basis, im Arbeitsleben. (Historische Beispiele dafür: der Arbeiteraufstand in der DDR 1953, die Gewerkschaftsbewegung in Polen Anfang der 80er Jahre.) Der Überbau, also die politische Ordnung, folgt nach:

„Mit der Veränderung der ökonomischen Grundlage wälzt sich der ganze ungeheure Überbau langsamer oder rascher um."[19]

---
[16] (wie Anm. 9) 19, 242.
[17] (wie Anm. 9) 19, 243.
[18] (wie Anm. 9) 18, 556.
[19] (wie Anm. 9) 13, 9.

In Rußland wurde jedoch erst die Regierung (eine sozialistische unter Kerenski!) von Nichtproletariern wie Lenin gestürzt und dann mit der Änderung der Produktionsverhältnisse begonnen.

b) Nach Marx und Engels hat der sozialistischen Revolution die volle Entfaltung des Kapitalismus vorauszugehen:

„Schülerhafte Eselei! Eine radikale Revolution ist an gewisse historische Bedingungen der ökonomischen Entwicklung geknüpft. Letztere sind ihre Voraussetzungen. Sie ist also nur möglich, wo mit der kapitalistischen Produktion das industrielle Proletariat wenigstens eine bedeutende Stellung in der Volksmasse einnimmt."[20]

In Rußland war der Kapitalismus 1917 unbestrittenermaßen meilenweit von seiner vollen Entwicklung entfernt. Er war kaum über das Embryonalstadium hinausgelangt.

c) Die in industrieller Hinsicht führenden Staaten sollten als erste den Weg in den Sozialismus beschreiten. Engels zählt sie einzeln auf:

„Die kommunistische Revolution wird daher keine bloß nationale, sie wird eine in allen zivilisierten Ländern, d.h. wenigstens in England, Amerika, Frankreich und Deutschland gleichzeitig vor sich gehende Revolution sein."[21]

Ein Jahr vor seinem Tode stellt Engels bezüglich Rußland ausdrücklich fest, es befinde sich noch auf „vorkapitalistischer Stufe".[22]

d) Kein Land kann allein den Sozialismus einführen. Das folgt schon aus dem oben Zitierten und wird von Marx und Engels mehrmals mit Nachdruck betont:

„Der Kommunismus ist empirisch nur als die Tat der *herrschenden Völker* ,auf einmal' und gleichzeitig möglich, was die universelle Entwicklung der Produktivkraft und den mit ihm zusammenhängenden Weltverkehr voraussetzt."[23]

Rußland hat jedoch allein sozialistische Revolution gemacht. Alle Versuche Lenins, auch andere Staaten, z.B. Ungarn und Bayern, in den Strudel der Revolution mitzureißen, mißlangen. Lenin scheint zunächst fest an das Marx-Wort geglaubt zu haben: „Es ist eine absolute Wahrheit, daß wir ohne die deutsche Revolution zugrundegehen."[24]

e) Aus dem letzten Zitat folgt auch, daß die „herrschenden Völker" zur Revolution berufen sind. Rußland stand damals am Abgrund der totalen Niederlage.

f) Nicht Intelligenzler, hungrige Soldaten und landlose Bauern sollten, wie es dann in Rußland gleichwohl geschah, das Pulverfaß der Revolution entzünden, sondern Proletarier.

---

[20] (wie Anm. 9) 18, 333; sinngleich 4, 339; 23, 15 f.
[21] (wie Anm. 9) 15, 374.
[22] (wie Anm. 9) 22, 429.
[23] (wie Anm. 9) 3, 35 (Hervorhebung K.L.); sinngleich 39, 89.
[24] Wladimir I. Lenin: Werke, 40 Bände, Berlin (Ost) 1958–1964, 22, 335.

Die revolutionstheoretischen Defizite seiner Gegenwart konnte Lenin nicht beheben. An die Zaudernden gewandt gab er daher die Losung aus: „Unsere Theorie ist kein Dogma, sondern eine *Anleitung zum Handeln.*"[25]

Auch in der folgenden Zeit hatten die moskowitischen Baumeister des Kommunismus keine Bedenken, aus gegebenem Anlaß scheinbar tragende Elemente des Lehrgebäudes auszusondern. Dazu zählt beispielsweise das marxistische Menschenbild. Nach Marx und Engels ist der Mensch im Kapitalismus zwanghaft Egoist, mit der Verwandlung der Produktionsweise, mit dem Übergang zum Sozialismus wird er geradezu naturgesetzlich notwendig zum Altruisten.

Engels: „Wir weisen demnach eine jede Zumutung zurück, uns irgendwelche Moraldogmatik als ewiges, endgültiges, fernerhin unwandelbares Gesetz aufzudrängen unter dem Vorwand, auch die moralische Welt habe ihre bleibenden Prinzipien, die über der Geschichte und den Völkerverschiedenheiten stehen. Wir behaupten dagegen, alle bisherige Moraltheorie sei das Erzeugnis, in letzter Instanz, der jedesmaligen ökonomischen Gesellschaftslage. Und wie die Gesellschaft sich bisher in Klassengegensätzen bewegte, so war die Moral stets eine Klassenmoral..."[26]

Marx nennt Moral ausdrücklich eine „Phrase".[27] Und beide zusammen werden besonders anschaulich, indem sie formulieren: „Die Kommunisten predigen überhaupt keine Moral ... Sie stellen nicht die moralische Forderung an die Menschen: Liebet euch untereinander, seid keine Egoisten; sie wissen im Gegenteil sehr gut, daß der Egoismus ebenso wie die Aufopferung eine unter bestimmten Verhältnissen notwendige Form der Durchsetzung der Individuen ist."[28]

Da sich dieser Automatismus in keinem der sozialistischen Länder bewahrheitet hat, wird, entgegen Marx und Engels, durchaus Moral gepredigt, und zwar mit einer für die Menschen der pluralistischen Gesellschaft schier unvorstellbaren Intensität. Schon 1961 hat das Parteiprogramm der KPdSU ein 12-Tafel-Gesetz sozialistischer Moral verkündet. Ein Foliant von 555 Seiten, von A.F. Schischkin verfaßt, trägt den bezeichnenden Titel: „Grundlagen der marxistischen Ethik".[29] Die Antwort auf die Frage, ob diese Klassiker des Sozialismus Dogmatiker gewesen seien, lautet demnach: Während sie jeden Dogmatismus ablehnten, erklärten sie gleichzeitig, ihre Erkenntnisse hätten die Verbindlichkeit von Gesetzen. Doch fühlten sie sich nur so lange daran gebunden, als ihnen dies opportun erschien.

---

[25] (wie Anm. 24) 31, 57.
[26] (wie Anm. 9) 20, 87 f.
[27] (wie Anm. 9) 31, 15.
[28] (wie Anm. 9) 34, 170.
[29] A.F. Schischkin: Grundlagen der marxistischen Ethik, Berlin (Ost) 1965.

3. Gorbatschows „klare Weltanschauung"

Schwärmerisch behauptet Gorbatschow: „Wir verfügen über ... eine klare Weltanschauung."[30] Doch wenn wir in seinen Veröffentlichungen nach dem harten Kern dieser Weltanschauung Ausschau halten, ist die Ausbeute gering:

Da ist das Bekenntnis zu einem amorphen Sozialismus, von dem eben schon die Rede war. Bisher hatte der marxistische Sozialismus immerhin zwei unverzichtbare Bestandteile, nämlich die Abschaffung des Privateigentums an den Produktionsmitteln und die Beseitigung der Marktwirtschaft. Doch beide Essentialia werden heute gerade von ihm in Frage gestellt, insbesondere durch Joint Ventures, die Betonung des Marktes und die Ansätze zur Reprivatisierung von landwirtschaftlichem Grund und Boden.

Radio Moskau am 7.7.1988: „In Prag setzt die RGW-Tagung ihre Beratung fort ... Das Leben zwingt uns, viele früher unbestreitbare Wahrheiten von einem neuen Gesichtswinkel aus zu betrachten ... Alle Redner heben hier hervor, daß die Weiterentwicklung der Wirtschaft der RGW-Mitgliedsländer nur dann erfolgreich sein kann, wenn den Geld-Waren-Beziehungen, den Marktgesetzen ein größeres Augenmerk entgegengebracht wird ... Die Teilnehmer der Tagung auf Ebene der Regierungschefs haben der Herstellung offizieller Beziehungen zwischen dem RGW und der EG der kapitalistischen Staaten eine hohe Einschätzung gegeben ..."[31]

Da ist ferner die Ablehnung des Kapitalismus. Aber auch insofern beschränkt sich Gorbatschow auf die stereotype Wiederholung des odiumbehafteten Wortes. Meint er den stets unwirklichen Kapitalismus Leninscher Spiegelfechtereien, der uns z.B. in den folgenden Zitaten entgegentritt?

„Freilich, wäre der Kapitalismus imstande, die Landwirtschaft zu entwickeln, die jetzt überall weit hinter der Industrie zurückgeblieben ist, könnte er die Lebenshaltung der Massen der Bevökerung heben, die trotz des schwindelerregenden technischen Fortschritts überall ein Hunger- und Bettlerdasein fristet – dann könnte von einem Kapitalüberschuß nicht die Rede sein. Und das ist auch das ‚Argument', das allgemein von kleinbürgerlichen Kritikern des Kapitalismus vorgebracht wird. Aber dann wäre der Kapitalismus nicht Kapitalismus, denn die Ungleichmäßigkeit der Entwicklung wie das Hungerdasein der Massen sind wesentliche, unvermeidliche Bedingungen und Voraussetzungen dieser Produktionsweise."[32]

„Mit anderen Worten: Im Kapitalismus haben wir den Staat im eigentlichen Sinne des Wortes, eine besondere Maschine zur Unterdrückung einer Klasse durch eine andere, und zwar der Mehrheit durch eine Minderheit. Damit eine solche Sache wie die systematische Unterdrückung der Mehrheit der Ausgebeu-

---

[30] (wie Anm. 4) S. 9.
[31] Radio Moskau 7.7.1988, 6.50 MEZ: Sendung in deutscher Sprache.
[32] (wie Anm. 24) 22, 245.

teten durch die Minderheit der Ausbeuter erfolgreich ist, bedarf es natürlich der größten Grausamkeiten bestialischer Unterdrückung, sind Meere von Blut nötig, durch die denn auch die Menschheit im Zustand der Sklaverei, der Leibeigenschaft und der Lohnarbeit ihren Weg geht."³³

Diese Kapitalismusschimären haben längst ihre Glaubwürdigkeit eingebüßt. In der ersten Ausgabe des russischen Lehrbuchs der Politökonomie im Jahre 1954 wurde noch an der von Marx behaupteten absoluten Verelendung der Massen festgehalten. Die Ende 1959 erschienenen „Grundlagen des Marxismus-Leninismus" erklärten schon, es handele sich nicht um ein Gesetz und auch nicht um einen Prozeß, sondern lediglich um eine „Tendenz" des Kapitalismus.

Später hieß es: „Nur Verleumder und Verfälscher können behaupten, nach der Theorie von Marx und Engels müsse der Lebensstandard der Arbeiter aller kapitalistischen Länder heute niedriger sein als, sagen wir, zu Anfang des 20. Jahrhunderts."³⁴

Oder meint Gorbatschow mit „Kapitalismus" die soziale Marktwirtschaft, deren wesentliche Bestandteile wie Eigeninitiative, Marktmechanismus und Leistungsprinzip ganz oder teilweise in die „sozialistische" Wirtschaftsordnung integriert wurden oder werden sollen?³⁵

4. Das Bekenntnis zum dialektischen Materialismus

Da ist schließlich das allgegenwärtige Bekenntnis zum dialektischen Denken, zur marxistisch-leninistischen Dialektik:

Gorbatschow: „Die Werke Lenins und seine sozialistischen Ideale bleiben für uns eine unerschöpfliche Quelle kreativen dialektischen Denkens..."³⁶

„Die Lenin-Ära ist in der Tat sehr wichtig. Sie ist darin besonders lehrreich, daß sie die Stärke der marxistisch-leninistischen Dialektik unter Beweis stellt..."³⁷

„Hätte er (Lenin) das nicht getan, so hätte man die Erfolge, die man durch den Sturz der Autokratie errungen hatte, möglicherweise wieder eingebüßt. Diese Änderung der Taktik kam für viele gestandene Bolschewisten überra-

---

³³ (wie Anm. 24) 25, 477.
³⁴ Alle Fundstellen und weitere Belege siehe Gustav Wetter „Sowjetideologie heute" Frankfurt 1968 S. 292 f.
³⁵ Milowan Djilas schreibt in „Gorbatschow zwischen den Klippen..." (Epoche Nr. 107 S. 31): „So absurd es sich anhören mag – in den kommunistischen Systemen keimen ‚kapitalistische Formen' auf (wenn auch nur partielle), in einigen haben sie bereits Wurzeln geschlagen: Verselbständigung von Unternehmen, marktorientierte Produktion, Zulassung von persönlichen Tätigkeiten. Der ‚Kapitalismus' wird ohne Zweifel auch von der Außenwelt in den „Sozialismus' hineingebracht, aber das wäre nicht möglich, wenn nicht letzterer selbst einen ‚Kapitalismus' gebären würde."
³⁶ (wie Anm. 4) S. 28.
³⁷ (wie Anm. 4) S. 29.

schend. Dies ist die Art dialektischen politischen Denkens, die wir uns aneignen, während wir die Perestroika durchführen."[38]

„Die politische Ökonomie des Sozialismus ist überfrachtet mit alten Konzepten und steht nicht mehr im Einklang mit der Dialektik des wirklichen Lebens."[39]

Was offenbart uns die marxistisch-leninistische Dialektik, kurz der Diamat? Die Meinungen darüber widersprechen sich auf das schärfste. Den einen ist er das Höchste, was menschlicher Geist je geschaut, den anderen dummes Zeug, Spiegelfechterei, eine Trickkiste für Demagogen und falsche Propheten.[40]

Marx, Engels und Lenin haben, wie sie betonen, ihre Dialektik von Hegel übernommen, aber gänzlich umgekrempelt, „vom Kopf auf die Füße gestellt".

Am 18. Oktober 1827 unterhielten sich Goethe und Hegel. Goethe brachte das Gespräch auf die Dialektik. „Es ist im Grunde weiter nichts", sagte Hegel, „als der geregelte, methodisch ausgebildete Widerspruchsgeist, der jedem innewohnt und welche Gabe sich groß erweist in Unterscheidung des Wahren vom Falschen." „Wenn nur", wandte Goethe ein, „solche geistigen Künste und Gewandtheiten nicht häufig gemißbraucht und dazu verwendet würden, um das Falsche wahr und das Wahre falsch zu machen!" „Dergleichen geschieht wohl", räumte Hegel ein, „aber nur von Leuten, die geistig krank sind."[41]

Ob Hegel wirklich seine innerste Überzeugung ausgesprochen, seine Dialektik auf das „Weiter nichts" reduziert hat, erscheint fraglich. Sicher hingegen ist, daß *diese* Dialektik keine selbständige Wissenschaft, sondern eine Selbstverständlichkeit für jeden Wissenschaftler ist.

Die materialistische Dialektik hat damit nichts gemein. Im Gegenteil, der Pluralismus wird ausdrücklich verworfen. Im parteiamtlichen Lehrbuch der Dialektik heißt es: „Jede Forderung nach ‚Pluralität', nach Koexistenz mehrerer Weltanschauungen innerhalb der Arbeiterklasse ist reaktionär, widerspricht den objektiv bedingten Klasseninteressen der Arbeiter und den wissenschaftlichen Prinzipien der marxistisch-leninistischen Theorie."[42]

Niemand hat treffender und glaubwürdiger das Wesen der marxistischen Dialektik entschleiert als Marx in einem Brief an Engels: „Es ist möglich, daß ich mich blamiere. Indes ist dann immer mit einiger Dialektik wieder zu helfen. Ich habe natürlich meine Aufstellungen so gehalten, daß ich im umgekehrten Fall auch Recht habe."[43]

---

[38] (wie Anm. 4) S. 58.
[39] (wie Anm. 4) S. 59.
[40] Siehe Konrad Löw: „Die Lehre des Karl Marx..." Köln 1989 S. 41 ff.
[41] „Gespräche mit Eckermann" – Gedenkausgabe der Werke, Briefe und Gespräche, Zürich 1976, S. 661 f.
[42] Frank Fiedler (Hrsg.): Dialektischer und historischer Materialismus, Berlin (Ost) 1974, S. 15.

Gorbatschow beschreibt recht anschaulich den Dialektiker Lenin und das Wesen dieser Dialektik: Lenin „wußte, wie man die Parolen ändern mußte, wenn es das Leben erforderte. Nie machte er sich zum Sklaven einmal gefaßter Beschlüsse."[44]

Ja, Lenin änderte seine Parolen nach Bedarf, und deshalb kann mit Lenin alles bewiesen und alles widerlegt werden. Insofern gleicht er aufs Haar seinem Vorbild Marx, von dem ein namhafter deutscher Gelehrter sagt: „Wenn man sich für irgendeine Aussage auf Marx beruft und einen Beleg aus Marx dafür beibringt, muß man darauf gefaßt sein, daß einem ein anderer Marxtext entgegengehalten wird."[45]

Genau das Gleiche gilt für Lenin. Alle Vorgänger von Gorbatschow, beginnend mit Stalin, haben sich auf Lenin berufen. Und jeder Nachfolger hat seinem Vorgänger Irrtümer „nachgewiesen". Fand man keine ganzen Sätze, um die eigenen Thesen mit Lenin zu untermauern, wie Chruschtschow bei der Suche nach „friedlicher Koexistenz" in Lenins Werken, so fanden sich zumindest passende Satzteile. Der Konflikt zwischen Stalin und Tito wurde von beiden Seiten mit Leninzitaten bestritten! Ein Kinderspiel also, selbst Gorbatschows Perestrojka, die doch angeblich ganz dem Geiste Lenins entspricht, mit Lenintexten zu konterkarieren.

In seiner auch von Gorbatschow zitierten Rede auf dem 9. Sowjetkongreß am 23. Dezember 1921 äußerte Lenin zu dem Schlüsselwort des 28. Parteitags der KPdSU, nämlich Umgestaltung, Perestrojka, folgendes: „Hört endlich auf zu schwätzen . . . Uns hat die Geschichte jetzt die Aufgabe gestellt, den großen politischen Umsturz durch eine langsame, schwere, mühselige, ökonomische Arbeit zu vollenden, deren Fristen recht lang bemessen sind. Es gilt, diesen Umsturz zu verarbeiten, ihn ins Leben umzusetzen, ohne sich damit herauszureden, daß die Sowjetordnung schlecht sei und daß man sie umgestalten müsse. Es gibt bei uns schrecklich viele Leute, die auf Umgestaltungen jedweder Art versessen sind; und durch diese Umgestaltungen wird so großes Unheil angerichtet, wie ich es in meinem ganzen Leben nicht kennengelernt habe. Daß es bei uns im Apparat . . . Mängel gibt, weiß ich ausgezeichnet . . . Aber es geht nicht darum, den Apparat durch eine schnelle Organisation zu verbessern, sondern darum, daß dieser politische Umsturz verarbeitet werden muß, damit in Kultur und Wirtschaft ein neues Niveau erreicht wird. Darauf kommt es an. Nicht umgestalten [perestraivat], sondern im Gegenteil helfen soll man, die zahlreichen Mängel zu beseitigen, die es in der Sowjetordnung im ganzen Verwaltungssystem gibt . . ."[46]

---

[43] (wie Anm. 9) 29, 161.
[44] (wie Anm. 4) S. 120.
[45] Oswald von Nell-Breuning, „Wir alle stehen auf den Schultern von Karl Marx", in: Stimmen der Zeit 76, 621.
[46] Nach Helmut Dahm: Der XXVII. Parteitag der KPdSU und ihr neues Programm . . . BI-Ost, Köln 1986, S. 68.

Gorbatschows ideologischer Spielraum ist also dialektisch abgesteckt. Ebenso mühelos, wie er alle seine Schritte auf meist nicht nachprüfbare angebliche Leninäußerungen setzt, ebenso mühelos und nicht minder solide läßt sich der Verrat an Lenin konstruieren.

Erinnert sei ferner an die zahlreichen Widersprüche, die sich in den Werken der Klassiker des Kommunismus, Gorbatschow nicht ausgenommen, finden.

Einerseits ist bei ihm immer wieder vom neuen Denken die Rede („ein umfangreicher Teil ist dem neuen politischen Denken gewidmet"[46a]), andererseits wird auf Schritt und Tritt Lenin bemüht. Ein eigenes Kapitel in „Perestroika" trägt die Überschrift „Rückbesinnung auf Lenin als eine ideologische Quelle der Perestroika".

Einerseits: „Im Westen, einschließlich der USA, wird Perestroika unterschiedlich interpretiert. So wird in etwa die Ansicht vertreten, Perestroika sei aufgrund des katastrophalen Zustandes der sowjetischen Wirtschaft als unumgänglich erkannt worden; ... Nichts ist von der Wahrheit weiter entfernt als derartige Interpretationen ..."[47]

Andererseits trägt ein Kapitel die Überschrift „Perestroika – eine dringende Notwendigkeit". Darin heißt es u.a.: „Eine Art ‚Bremsmechanismus' lähmte die gesellschaftliche und ökonomische Entwicklung. Etwas Seltsames ging vor sich – das riesige Schwungrad einer gewaltigen Maschine drehte sich, doch die Treibriemen zu den Arbeitsplätzen rutschten ab oder drehten durch."[48]

Einerseits: „Rußland, das vor 70 Jahren eine große Revolution erlebte, ist ein altes Land mit einer einzigartigen Geschichte, geprägt von der Suche seiner Menschen nach Sicherheit, von ihren Erfolgen ..."[49]

Andererseits spricht er vom „rückständigen halb-kolonialen halb-feudalistischen Russischen Reich".[50] Die Revolution habe „praktisch aus dem Nichts eine moderne Industrie"[51] geschaffen.

Helmut Dahm, dieser profunde Kenner der Sowjetideologie, analysiert die Zweckhaftigkeit dieser Widersprüche wie folgt:

„Von den zwei gegensätzlichen Gliedaussagen eines dialektischen Urteils dient die erste Aussage der scheinbar praktischen Vernunft (z.B. die zwei tief getrennten Welten des Kapitalismus und des Sozialismus/Kommunismus müssen zur Lösung der vordringlichsten allgemeinmenschlichen Aufgaben zusammenwirken) für Außenstehende dazu, um die zweite Aussage der Ideologie zu

---

[46a] (wie Anm. 4) S. 8.
[47] (wie Anm. 4) S. 9.
[48] (wie Anm. 4) S. 19.
[49] (wie Anm. 4) S. 18.
[50] (wie Anm. 4) S. 18.
[51] (wie Anm. 4) S. 55.

verharmlosen. Hingegen macht die zweite, ideologisch bestimmte Aussage (z.B. die Bewegung der Menschheit zum Sozialismus und Kommunimus ist unaufhaltsam) für die Innenstehenden – damit sie nicht auf falsche Gedanken kommen – unmißverständlich klar, daß die in ihr festgestellte Position sich im *Kampf der Gegensätze* behaupten und letztendlich durchsetzen wird."[52]

5. Der dialektische Höhepunkt

Gorbatschow versteht es meisterlich, unbedarfte Hörer oder Leser für sich einzunehmen. Hier ein besonders schönes Exempel:

„Wir wollen darüber hinaus zur wahren, ursprünglichen Bedeutung der Wörter zurückkehren, die wir bei internationalen Kontakten verwenden. Wenn wir erklären, daß wir einer offenen und ehrlichen Politik verpflichtet sind, dann meinen wir damit auch Aufrichtigkeit, Anständigkeit und Ehrlichkeit und halten uns in unserem Handeln an diese Prinzipien."[53]

Doch dann kommt, wie üblich, die dialektische Contradictio: „Für sich genommen, sind diese Prinzipien nicht neu – wir haben sie von Lenin geerbt."[54] Wer diesen Zusatz außer acht läßt, ist zunächst begeistert, wird sich dann aber, wenn er die Materie kennt, folgender Ungereimtheiten bewußt: Gorbatschow, wie seine Vorgänger, gebraucht ein Vokabular, das uns geläufig ist, aber in den Staaten des realen Sozialismus teilweise oder zur Gänze etwas anderes bedeutet als dort, wo diese Worte und Begriffe Gestalt angenommen haben. Warum der affirmative Gebrauch von „Menschenrechte", „Grundrechte", „Menschenwürde", „Freiheit", „Pluralismus", „Gleichheit", „Selbstbestimmungsrecht", „Rechtsstaat", „Demokratie", wenn man nicht falsche, unberechtigte Hoffnungen wecken möchte? Das Durcheinanderwerfen, griechisch „diaballein", der Worte und Begriffe ist das Wesen des Diabolus, ist teuflisch.

Die Methode des Eindringens in bislang weitgehend feste Begriffe, um durch Verwirrung zu siegen, ist ein alter demagogischer Trick.

Goebbels berichtet in seinen Tagebuchnotizen, Hitler habe sich „mit Leidenschaft" dagegen verwahrt, „Religionsstifter zu spielen". Denn: „Am besten erledigt man die Kirchen, wenn man sich selbst als positiven Christen ausgibt". – Daher im Parteiprogramm Bekenntnis zum „positiven Christentum". Die Parole „Partei gegen Christentum", mit der Rosenberg, Himmler, Darré antraten, hielt Hitler für gänzlich ungeschickt, „... sondern müssen uns als die einzig wahren Christen deklarieren". Nur so sei die Sache aussichtsreich: „Christentum heißt die Parole zur Vernichtung der Pfaffen, wie einstmals Sozialismus zur Vernichtung der marxistischen Bonzen."[55]

---

[52] (wie Anm. 46) S. 12.
[53] (wie Anm. 4) S. 202 f.
[54] (wie Anm. 4) S. 203.

III. Zusammenfassung

Gorbatschow, der die Klaviatur der Dialektik meisterhaft beherrscht, wird dank seiner zahllosen Widersprüche immer recht behalten, solange er an der Macht ist. Nicht nur Solschenizyn, sondern zahlreiche andere Persönlichkeiten von ähnlichem Gewicht teilen die Auffassung Kolakowskis: „In den kommunistischen Ländern Europas ist die kommunistische Ideologie praktisch tot, in dem Sinne, daß niemand, weder die Herrschenden noch die Beherrschten, sie noch ernst nimmt."[56]

Die „Ungläubigen" werden Gorbatschow nicht wegen irgendwelcher ideologischer Häresien steinigen, vielmehr nur und erst dann, wenn sie den Erhalt ihrer Klasse gefährdet sehen.

Auch die Spannungen zwischen SU und DDR sind letztlich nicht ideologisch bedingt, sondern beruhen auf Meinungsverschiedenheiten darüber, wie der Machterhalt besser gewährleistet werden kann.

---

[55] Hans Günter Hockerts: „Die nationalsozialistische Kirchenpolitik..." Beilage zur Wochenzeitung Das Parlament 30/83 S. 24.
[56] Leszek Kolakowski: „Das Schisma steht noch aus", Der Spiegel 1977, Nr. 19, S. 166.

DIE VERFASSER

Eduard Gloeckner, Dr. rer. pol., geb. 1943 in Rauschengrund/Sudetenland, wissenschaftlicher Publizist, Berlin.

Konrad Löw, Dr. jur., geb. 1931 in München, Professor (Ordinarius) für Politikwissenschaft an der Universität Bayreuth.

Peter Lübbe, Dr. phil., geb. 1930 in Pastow/Kreis Rostock, Publizist, Landshut.

Peter Meier-Bergfeld, M.A., geb. 1950 in Nachrodt/Westfalen, Redakteur beim Rheinischen Merkur/Christ und Welt, Bonn.

Barbara von Ow, geb. 1957 in München, bis September 1989 außenpolitische Redakteurin der Süddeutschen Zeitung, Publizistin, Paris.

Friedrich-Christian Schroeder, Dr. jur., geb. 1936 in Güstrow, Professor (Ordinarius) für Strafrecht, Strafprozeßrecht und Ostrecht an der Universität Regensburg.

Peter Jochen Winters, Dr. phil., geb. 1934 in Bremen, politischer Redakteur der Frankfurter Allgemeinen Zeitung in Berlin.

Printed by Libri Plureos GmbH
in Hamburg, Germany